PRACTICE – ASSESS – DIAGNOSE

180 Days of READING
for Fourth Grade

Spanish

Author

Margot Kinberg, Ph.D.

Shell Education

Contributing Author

Christine Dugan, M.A.Ed.

Publishing Credits

Dona Herweck Rice, *Editor-in-Chief*; Robin Erickson, *Production Director*; Lee Aucoin, *Creative Director*; Timothy J. Bradley, *Illustration Manager*; Conni Medina, M.A.Ed., *Editorial Director*; Sara Johnson, M.S.Ed., *Senior Editor*; Aubrie Nielsen, M.S.Ed., *Editor*; Leah Quillian, *Assistant Editor*; Grace Alba, *Designer*; Rebecca Rhodin, *Illustrator*; Janelle Bell-Martin, *Illustrator*; Stephanie Reid, *Photo Editor*; Corinne Burton, M.A.Ed., *Publisher*

Image Credits

Cover, Janelle Bell-Martin; p. 162 Newscom; p. 198 Getty images; all other images Shutterstock

Standards

© 2004 Mid-continent Research for Education and Learning (McREL)
© 2007 Teachers of English to Speakers of Other Languages, Inc. (TESOL)
© 2007 Board of Regents of the University of Wisconsin System. World-Class Instructional Design and Assessment (WIDA). For more information on using the WIDA ELP Standards, please visit the WIDA website at www.wida.us.
© 2010 National Governors Association Center for Best Practices and Council of Chief State School Officers (CCSS)

Shell Education

5482 Argosy Avenue
Huntington Beach, CA 92649-1030
www.tcmpub.com/shell-education
ISBN 978-1-0876-4877-4
©2021 Shell Education Publishing, Inc.

TABLE OF CONTENTS

INTRODUCTION AND RESEARCH

The Need for Practice

In order to be successful in today's reading classroom, students must deeply understand both concepts and procedures so that they can discuss and demonstrate their understanding. Demonstrating understanding is a process that must be continually practiced in order for students to be successful. According to Marzano, "practice has always been, and always will be, a necessary ingredient to learning procedural knowledge at a level at which students execute it independently" (2010, 83). Practice is especially important to help students apply reading comprehension strategies and word-study skills.

Understanding Assessment

In addition to providing opportunities for frequent practice, teachers must be able to assess students' comprehension and word-study skills. This is important so that teachers can adequately address students' misconceptions, build on their current understanding, and challenge them appropriately. Assessment is a long-term process that often involves careful analysis of student responses from a lesson discussion, a project, a practice sheet, or a test. When analyzing the data, it is important for teachers to reflect on how their teaching practices may have influenced students' responses and to identify those areas where additional instruction may be required. In short, the data gathered from assessments should be used to inform instruction: slow down, speed up, or reteach. This type of assessment is called *formative assessment*.

HOW TO USE THIS BOOK

180 Days of Reading for Fourth Grade offers teachers and parents a full page of daily reading comprehension and word-study practice activities for each day of the school year.

Easy to Use and Standards Based

These activities reinforce grade-level skills across a variety of reading concepts. The questions are provided as a full practice page, making them easy to prepare and implement as part of a classroom morning routine, at the beginning of each reading lesson, or as homework. The weekly focus alternates between fiction and nonfiction standards.

Every fourth-grade practice page provides questions that are tied to a reading or writing standard. Students are given the opportunity for regular practice in reading comprehension and word study, allowing them to build confidence through these quick standards-based activities.

Question	College and Career Readiness Standards
	Days 1–3
1–2	**Reading Anchor Standard 1:** *Read closely to determine what the text says explicitly and to make logical inferences from it.*
3	**Reading Foundational Skills Standard:** *Know and apply grade-level phonics and word analysis skills in decoding words.*
4–5	**Reading Anchor Standard 4:** *Interpret words and phrases as they are used in a text, including determining technical, connotative, and figurative meanings, and analyze how specific word choices shape meaning or tone* **or** **Reading Anchor Standard 6:** *Assess how point of view or purpose shapes the content and style of a text.*
	Day 4
1	**Reading Anchor Standard 10:** *Read and comprehend complex literary and informational texts independently and proficiently.*
2	**Reading Anchor Standard 6:** *Assess how point of view or purpose shapes the content and style of a text.*
3–4	**Reading Anchor Standard 1:** *Read closely to determine what the text says explicitly and to make logical inferences from it.*
5–6	**Reading Anchor Standard 2:** *Determine central ideas or themes of a text and analyze their development; summarize the key supporting details and ideas.*
	Day 5
	Writing Anchor Standard 4: *Produce clear and coherent writing in which the development, organization, and style are appropriate to task, purpose, and audience.*

HOW TO USE THIS BOOK (cont.)

Using the Practice Pages

Practice pages provide instruction and assessment opportunities for each day of the school year. The activities are organized into weekly themes, and teachers may wish to prepare packets of each week's practice pages for students. Days 1, 2, and 3 follow a consistent format, with a short piece of text and five corresponding items. As outlined on page 4, every item is aligned to a reading standard.

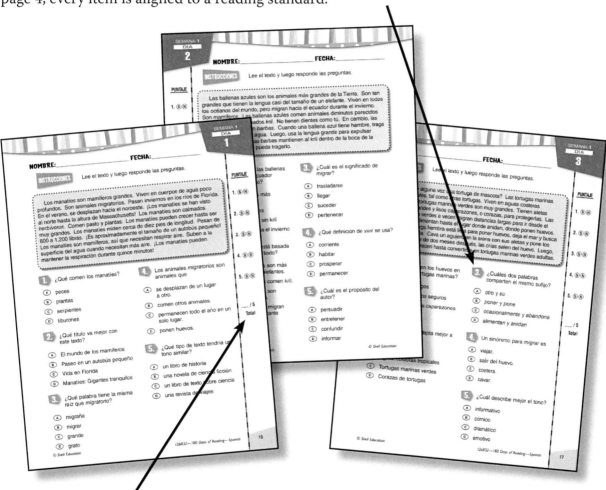

Using the Scoring Guide

Use the scoring guide along the side of each practice page to check answers and see at a glance which skills may need more reinforcement.

Fill in the appropriate circle for each problem to indicate correct (Y) or incorrect (N) responses. You might wish to indicate only incorrect responses to focus on those skills. (For example, if students consistently miss items 2 and 4, they may need additional help with those concepts as outlined in the table on page 4.) Use the answer key at the back of the book to score the problems, or you may call out answers to have students self-score or peer-score their work.

HOW TO USE THIS BOOK *(cont.)*

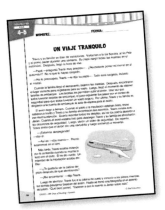 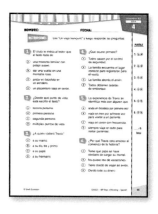 

A longer text is used for Days 4 and 5. Students answer more in-depth comprehension questions on Day 4 and complete a written response to the text on Day 5. This longer text can also be used for fluency practice (see page 7).

Writing Rubric

Score students' written response using the rubric below. Display the rubric for students to reference as they write (G4_writing_rubric.pdf).

Points	Criteria
4	• Uses an appropriate organizational sequence to produce very clear and coherent writing • Uses descriptive language that develops or clarifies ideas • Engages the reader • Uses a style very appropriate to task, purpose, and audience
3	• Uses an organizational sequence to produce clear and coherent writing • Uses descriptive language that develops or clarifies ideas • Engages the reader • Uses a style appropriate to task, purpose, and audience
2	• Uses an organizational sequence to produce somewhat clear and coherent writing • Uses some descriptive language that develops or clarifies ideas • Engages the reader in some way • Uses a style somewhat appropriate to task, purpose, and audience
1	• Does not use an organized sequence; the writing is not clear or coherent • Uses little descriptive language to develop or clarify ideas • Does not engage the reader • Does not use a style appropriate to task, purpose, or audience
0	Offers no writing or does not respond to the assignment presented

HOW TO USE THIS BOOK *(cont.)*

Developing Students' Fluency Skills

What Is Fluency?

According to the National Reading Panel Report, there are five critical factors that are vital to effective reading instruction: phonemic awareness, phonics, fluency, vocabulary, and comprehension (2000). Rasinski (2006) defines fluency as "the ability to accurately and effortlessly decode the written words and then to give meaning to those words through appropriate phrasing and oral expression of the words." Wolf (2005) notes that the goal of developing fluency is comprehension rather than the ability to read rapidly. Becoming a fluent reader is a skill that develops gradually and requires practice. Reading text repeatedly with a different purpose each time supports the development of fluency in young children (Rasinski 2003).

Assessing Fluency

Fluent readers read accurately, with expression, and at a good pace. A Fluency Rubric along with detailed instructions for scoring and keeping oral reading records is included in the digital resources (G4_fluency.pdf).

The table below lists fluency norms by grade level (Rasinski 2003):

Student Fluency Norms Based On Words Correct Per Minute (WCPM)			
Grade	Fall	Winter	Spring
1	—	—	60 wcpm
2	53	78	94
3	79	93	114
4	99	112	118
5	105	118	128
6	115	132	145

HOW TO USE THIS BOOK (cont.)

Diagnostic Assessment

Teachers can use the practice pages as diagnostic assessments. The data analysis tools included with the book enable teachers or parents to quickly score students' work and monitor their progress. Teachers and parents can see at a glance which reading concepts or skills students may need to target in order to develop proficiency.

After students complete a practice page, grade each page using the answer key (pages 231–237). Then, complete the Practice Page Item Analysis for the appropriate day (pages 10–11) for the whole class, or the Student Item Analysis (pages 12–13) for individual students. These charts are also provided in the digital resources (filenames: G4_practicepage_analysis.pdf, G4_student_analysis.pdf). Teachers can input data into the electronic files directly on the computer, or they can print the pages and analyze students' work using paper and pencil.

To Complete the Practice Page Item Analyses:

- Write or type students' names in the far-left column. Depending on the number of students, more than one copy of the form may be needed, or you may need to add rows.

- The item numbers are included across the top of the charts. Each item correlates with the matching question number from the practice page.

- For each student, record an X in the column if the student has the item incorrect. If the item is correct, leave the item blank.

- Count the Xs in each row and column and fill in the correct boxes.

To Complete the Student Item Analyses:

- Write or type the student's name on the top row. This form tracks the ongoing progress of each student, so one copy per student is necessary.

- The item numbers are included across the top of the chart. Each item correlates with the matching question number from the practice page.

- For each day, record an X in the column if the student has the item incorrect. If the item is correct, leave the item blank.

- Count the Xs in each row and column and fill in the correct boxes.

HOW TO USE THIS BOOK *(cont.)*

Using the Results to Differentiate Instruction

Once results are gathered and analyzed, teachers can use the results to inform the way they differentiate instruction. The data can help determine which concepts are the most difficult for students and which need additional instructional support and continued practice. Depending on how often the practice pages are scored, results can be considered for instructional support on a daily or weekly basis.

Whole-Class Support

The results of the diagnostic analysis may show that the entire class is struggling with a particular concept or group of concepts. If these concepts have been taught in the past, this indicates that further instruction or reteaching is necessary. If these concepts have not been taught in the past, this data is a great preassessment and demonstrates that students do not have a working knowledge of the concepts. Thus, careful planning for the length of the unit(s) or lesson(s) must be considered, and extra frontloading may be required.

Small-Group or Individual Support

The results of the diagnostic analysis may show that an individual or small group of students is struggling with a particular concept or group of concepts. If these concepts have been taught in the past, this indicates that further instruction or reteaching is necessary. Consider pulling aside these students while others are working independently to instruct further on the concept(s). Teachers can also use the results to help identify individuals or groups of proficient students who are ready for enrichment or above-grade-level instruction. These students may benefit from independent learning contracts or more challenging activities. Students may also benefit from extra practice using games or computer-based resources.

Digital Resources

Reference page 239 for information about accessing the digital resources and an overview of the contents.

PRACTICE PAGE ITEM ANALYSIS DAYS 1–3

Directions: Record an X in cells to indicate where students have missed questions. Add up the totals. You can view the following: (1) which items were missed per student; (2) the total correct score for each student; and (3) the total number of students who missed each item.

Week: _____ Day: _____

Item # Student Name	1	2	3	4	5	# correct
Sample Student		X			X	3/5
# of students missing each question						

PRACTICE PAGE ITEM ANALYSIS DAYS 4–5

Directions: Record an X in cells to indicate where students have missed questions. Add up the totals. You can view the following: (1) which items were missed per student; (2) the total correct score for each student; and (3) the total number of students who missed each item.

Week: _____ Day: _____

Student Name	Item #: 1	2	3	4	5	6	# correct	Written Response
Sample Student		X			X	X	3/6	3
# of students missing each question								Written Response Average:

STUDENT ITEM ANALYSIS DAYS 1-3

Directions: Record an *X* in cells to indicate where the student has missed questions. Add up the totals. You can view the following: (1) which items the student missed; (2) the total correct score per day; and (3) the total number of times each item was missed.

Student Name: Sample Student							
Item		**1**	**2**	**3**	**4**	**5**	**# correct**
Week	**Day**						
1	1		X			X	3/5
	Total						

STUDENT ITEM ANALYSIS DAYS 4-5

Directions: Record an *X* in cells to indicate where the student has missed questions. Add up the totals. You can view the following: (1) which items the student missed; (2) the total correct score per day; and (3) the total number of times each item was missed.

Student Name: **Sample Student**								
	Day 4							Day 5
Item	1	2	3	4	5	6	# correct	Written Response
Week								
1		X			X	X	3/6	3
Total								
								Written Response Average:

STANDARDS CORRELATIONS

Shell Education is committed to producing educational materials that are research and standards based. In this effort, we have correlated all of our products to the academic standards of all 50 United States, the District of Columbia, the Department of Defense Dependent Schools, and all Canadian provinces.

How to Find Standards Correlations

To print a customized correlation report of this product for your state, visit our website at **www.tcmpub.com/shell-education** and follow the on-screen directions. If you require assistance in printing correlation reports, please contact Customer Service at 1-877-777-3450.

Purpose and Intent of Standards

Legislation mandates that all states adopt academic standards that identify the skills students will learn in kindergarten through grade twelve. Many states also have standards for pre-K. This same legislation sets requirements to ensure the standards are detailed and comprehensive.

Standards are designed to focus instruction and guide adoption of curricula. Standards are statements that describe the criteria necessary for students to meet specific academic goals. They define the knowledge, skills, and content students should acquire at each level. Standards are also used to develop standardized tests to evaluate students' academic progress. Teachers are required to demonstrate how their lessons meet state standards. State standards are used in the development of all our products, so educators can be assured they meet the academic requirements of each state.

College and Career Readiness

The activities in this book are aligned to the college and career readiness (CCR) standards. The chart on page 4 lists each standard that is addressed in this product.

NOMBRE:_____ FECHA:_____

Lee el texto y luego responde las preguntas.

Los manatíes son mamíferos grandes. Viven en cuerpos de agua poco profundos. Son animales migratorios. Pasan inviernos en los ríos de Florida. En el verano, se desplazan hacia el noroeste. ¡Los manatíes se han visto al norte hasta la altura de Massachusetts! Los manatíes son calmados *herbívoros*. Comen pasto y plantas. Los manatíes pueden crecer hasta ser muy grandes. Los manatíes miden cerca de diez pies de longitud. Pesan de 800 a 1,200 libras. ¡Es aproximadamente el tamaño de un autobús pequeño! Los manatíes son mamíferos, así que necesitan respirar aire. Suben a la superficie del agua cuando necesitan más aire. ¡Los manatíes pueden mantener la respiración durante quince minutos!

(handwritten annotations: are mammals big / In summer they move towards northwest / have been seen / north until as high as / can grow until / measure about 10 feet long / when / the size / pounds)

1. Ⓢ Ⓝ

2. Ⓢ Ⓝ

3. Ⓢ Ⓝ

4. Ⓢ Ⓝ

5. Ⓢ Ⓝ

1. ¿Qué comen los manatíes?

Ⓐ peces

Ⓑ plantas *(circled)*

Ⓒ serpientes

Ⓓ tiburones

2. ¿Qué título va mejor con este texto?

Ⓐ El mundo de los mamíferos *(crossed out)*

Ⓑ Paseo en un autobús pequeño

Ⓒ Vida en Florida

Ⓓ Manatíes: Gigantes tranquilos *(crossed out)*

3. ¿Qué palabra tiene la misma raíz que *migratorio*?

Ⓐ migraña

Ⓑ migrar *(crossed out)*

Ⓒ grande

Ⓓ grato

4. Los animales *migratorios* son animales que

Ⓐ se desplazan de un lugar a otro. *(crossed out)*

Ⓑ comen otros animales.

Ⓒ permanecen todo el año en un solo lugar.

Ⓓ ponen huevos.

5. ¿Qué tipo de texto tendría un tono similar?

Ⓐ un libro de historia

Ⓑ una novela de ciencia ficción

Ⓒ un libro de texto sobre ciencia *(crossed out)*

Ⓓ una revista de viajes

4 / 5
Total

NOMBRE:_____ FECHA:_____

INSTRUCCIONES Lee el texto y luego responde las preguntas.

PUNTAJE

1. Ⓢ Ⓝ

2. Ⓢ Ⓝ

3. Ⓢ Ⓝ

4. Ⓢ Ⓝ

5. Ⓢ Ⓝ

5 / 5
Total

Las ballenas azules son los animales más grandes de la Tierra. Son tan grandes que tienen la lengua casi del tamaño de un elefante. Viven en todos los océanos del mundo, pero migran hacia el ecuador durante el invierno. Son mamíferos. Las ballenas azules comen animales diminutos parecidos a los camarones llamados *kril*. No tienen dientes como tú. En cambio, las ballenas azules tienen *barbas*. Cuando una ballena azul tiene hambre, traga una gran cantidad de agua. Luego, usa la lengua grande para expulsar el agua de la boca. Las barbas mantienen al kril dentro de la boca de la ballena azul para que pueda tragarlo.

1. ¿Por qué migran las ballenas azules hacia el ecuador durante el invierno?

Ⓐ porque el agua es más cálida allí

Ⓑ porque son grandes

Ⓒ porque se quedan sin kril

Ⓓ porque no les gusta el invierno

2. ¿Qué oración **no** está basada en información del texto?

Ⓐ Las ballenas azules son más pequeñas que los elefantes.

Ⓑ Las ballenas azules comen kril.

Ⓒ Las ballenas azules son animales mamíferos.

Ⓓ Las ballenas azules migran hacia el ecuador durante el invierno.

3. ¿Cuál es el significado de *migrar*?

Ⓐ trasladarse

Ⓑ llegar

Ⓒ suceder

Ⓓ pertenecer

4. ¿Qué definición de *vivir* se usa?

Ⓐ corriente

Ⓑ habitar

Ⓒ prosperar

Ⓓ permanecer

5. ¿Cuál es el propósito del autor?

Ⓐ persuadir

Ⓑ entretener

Ⓒ confundir

Ⓓ informar

NOMBRE:_____ FECHA:_____

INSTRUCCIONES   Lee el texto y luego responde las preguntas.

(handwritten annotations over text: have you ever had a turtle mascot...)

¿Has tenido alguna vez una tortuga de mascota? Las tortugas marinas verdes son reptiles, tal como otras tortugas. Viven en aguas costeras tropicales. Las tortugas marinas verdes son muy grandes. Tienen aletas para nadar y grandes y lisos caparazones, o corazas, para protegerlas. Las tortugas marinas verdes a veces migran distancias largas para ir desde el lugar donde se alimentan hasta el lugar donde anidan, donde ponen huevos. Cuando una tortuga hembra está lista para poner huevos, deja el mar y busca una playa tranquila. Cava un agujero en la arena con sus aletas y pone los huevos. Alrededor de dos meses después, las crías salen del huevo. Luego, vuelven al mar. Crecen hasta convertirse en tortugas marinas verdes adultas.

1. Ⓢ Ⓝ

2. Ⓢ Ⓝ

3. Ⓢ Ⓝ

4. Ⓢ Ⓝ

5. Ⓢ Ⓝ

1. ¿Por qué ponen los huevos en la playa las tortugas marinas?

Ⓐ para tener amigos

Ⓑ para mantenerlos seguros

Ⓒ para proteger los caparazones

Ⓓ porque viven allí

2. ¿Qué título se adapta mejor a la idea principal?

Ⓐ Huevos de tortuga

Ⓑ Aguas costeras tropicales

Ⓒ Tortugas marinas verdes

Ⓓ Corazas de tortugas

3. ¿Cuáles dos palabras comparten el mismo sufijo?

Ⓐ *otro* y *su*

Ⓑ *poner* y *pone*

Ⓒ *ocasionalmente* y *abandona*

Ⓓ *alimentan* y *anidan*

4. Un sinónimo para *migrar* es

Ⓐ viajar.

Ⓑ salir del huevo.

Ⓒ costera.

Ⓓ cavar.

5. ¿Cuál describe mejor el tono?

Ⓐ informativo

Ⓑ cómico

Ⓒ dramático

Ⓓ emotivo

4 / 5
Total

NOMBRE:_____ FECHA:_____

UN MUNDO SUBMARINO

¿Sabes nadar? Algunos animales saben nadar desde el momento en que nacen. Viven debajo del agua.

Los manatíes viven debajo del agua. Los manatíes son animales tranquilos, pero son grandes. Pueden crecer hasta trece pies de longitud. ¡Es un gran animal! Los manatíes son mamíferos y están relacionados con los elefantes, pero no tienen trompas. Los manatíes tienen aletas. Además tienen colas planas. Las aletas y colas los ayudan a moverse en el agua. Los manatíes corren peligro de ser heridos o de morir a causa de los botes.

Las ballenas azules también viven debajo del agua. Las ballenas azules son los animales más grandes de la Tierra. ¡Una ballena azul adulta tiene un tamaño aproximado al de un avión Boeing 737! Son mamíferos. Las ballenas azules comen un tipo de camarón llamado *kril*. Cuando una ballena azul está lista para comer, traga mucha agua. Luego, empuja el agua fuera de su boca con su inmensa lengua. El kril permanece en la boca de la ballena. Luego, la ballena puede tragar el kril. Las ballenas azules fueron cazadas durante un largo tiempo y casi se extinguen. Las personas usaban aceite de ballena para cocinar, para lámparas y para otras cosas. Usaban barba de ballena porque era liviana pero fuerte. Finalmente, se hicieron leyes para proteger a las ballenas azules. Ahora, la mayoría de los países no permiten la caza de ballenas azules.

Las tortugas marinas verdes también viven debajo del agua. Pero no son mamíferos. Las tortugas marinas verdes son reptiles. Viven en aguas costeras cálidas. Las tortugas marinas verdes comen plantas que crecen debajo del agua. Algunas tortugas marinas verdes salen del agua para calentarse en la tierra seca. Las tortugas marinas verdes hembras también salen del agua para poner huevos. Cuando nacen las crías, vuelven al mar. Más adelante, esas tortugas tendrán crías propias. Las tortugas marinas verdes se matan por su carne y los huevos. Las tortugas marinas verdes también pueden ser heridas por botes y redes de pesca.

Los manatíes, las ballenas azules y las tortugas marinas verdes son todos animales marinos maravillosos. Debemos mantenerlos seguros.

ballenas azules

NOMBRE:_____ **FECHA:**_____

INSTRUCCIONES Lee "Un mundo submarino" y luego responde las preguntas.

1. ¿Cuál es más grande?

(A) un manatí

(B) una ballena azul

(C) una tortuga marina verde

(D) kril

2. El autor más probablemente escribió el texto para

(A) contar sobre animales que viven debajo del agua.

(B) conseguir que vayas a nadar.

(C) decir cómo atrapar un manatí.

(D) contar sobre la vida de las plantas en el océano.

3. ¿Qué palabras clave son importantes para el texto?

(A) *tranquilos, aletas* y *botes*

(B) *agua, avión* y *costera*

(C) *manatíes, ballenas* y *tortugas*

(D) *elefantes, aceite* y *mamíferos*

4. ¿En qué se parecen los manatíes y las ballenas azules?

(A) Ambos comen kril.

(B) Ambos tienen el tamaño de un Boeing 737.

(C) Ambos son mamíferos.

(D) Ambos están relacionados con los elefantes.

5. A las personas que les gusta _____ probablemente les gusta este texto.

(A) las matemáticas

(B) el arte

(C) la ciencia

(D) la música

6. ¿Cuál resume mejor el texto?

(A) Los manatíes, las ballenas azules y las tortugas marinas verdes son todos animales marinos. Están en vía de extinción.

(B) Muchos animales viven debajo del agua.

(C) Las tortugas marinas verdes viven en áreas costeras cálidas. Ponen huevos en la playa.

(D) Hay animales llamados manatíes, ballenas azules y tortugas marinas verdes.

1. (S)(N)
2. (S)(N)
3. (S)(N)
4. (S)(N)
5. (S)(N)
6. (S)(N)

4 / 6
Total

NOMBRE:_____ **FECHA:**_____

PUNTAJE

___ / 4

INSTRUCCIONES

Vuelve a leer "Un mundo submarino". Luego, lee la instrucción y responde en las líneas a continuación.

Hay muchas acciones que las personas pueden realizar para ayudar a proteger y salvar manatíes, ballenas azules y tortugas marinas verdes. ¿Qué puedes hacer para ayudar?

_____

_____

_____

_____

_____

_____

_____

_____

_____

_____

_____

_____

_____

_____

_____

NOMBRE: ______________________ **FECHA:** ______________

INSTRUCCIONES Lee el texto y luego responde las preguntas.

Ayer, encontré el par de zapatillas deportivas perfectas esperándome en el centro comercial. Eran verdes, azules y blancas, justo con el patrón ideal. De hecho, podía escucharlas llamándome: "¡Leila, Leila, Leila!".

—Mamá —señalé las zapatillas deportivas multicolores—. Esas son las zapatillas deportivas que necesito. ¿Puedo comprarlas? ¿Por favor?

—Veamos qué tan costosas son y si tienen en tu talla —dijo mamá. Se me partió el corazón cuando vimos la etiqueta con el precio: ¡$100! Sabía que mi mamá nunca las compraría.

—¿Qué voy a hacer? —me quejé—. Solo tengo $25.

1. ¿Cuánto cuestan los zapatos?

- Ⓐ $100
- Ⓑ $25
- Ⓒ $125
- Ⓓ $75

2. ¿Cuál es el principal problema de Leila?

- Ⓐ No tiene suficiente dinero para los zapatos que quiere.
- Ⓑ No puede encontrar zapatos que le gusten.
- Ⓒ No puede encontrar zapatos de su talla.
- Ⓓ Tiene hambre.

3. La raíz de *costosas* es

- Ⓐ caro.
- Ⓑ cosas.
- Ⓒ costo.
- Ⓓ costado.

4. ¿Qué palabra indica las emociones de Leila?

- Ⓐ perfectas
- Ⓑ quejé
- Ⓒ mamá
- Ⓓ realidad

5. ¿Qué oración **no** debe interpretarse literalmente?

- Ⓐ ¿Puedo comprarlas?
- Ⓑ Solo tengo $25.
- Ⓒ Sabía que mi mamá nunca las compraría.
- Ⓓ De hecho, podía escucharlas llamándome: "¡Leila, Leila, Leila!".

PUNTAJE

1. Ⓢ Ⓝ
2. Ⓢ Ⓝ
3. Ⓢ Ⓝ
4. Ⓢ Ⓝ
5. Ⓢ Ⓝ

___ / 5
Total

NOMBRE:_____ FECHA:_____

PUNTAJE

INSTRUCCIONES Lee el texto y luego responde las preguntas.

1. Ⓢ Ⓝ

2. Ⓢ Ⓝ

3. Ⓢ Ⓝ

4. Ⓢ Ⓝ

El otoño había llegado. Los días eran más fríos y las hojas caían de los árboles. Estaba mirando por la ventana, observando cómo las hojas rodaban a lo largo de nuestro césped, cuando tuve una idea. Corrí escaleras abajo.

—Mamá —grité hacia el estudio—. ¡Creo que sé cómo puedo ganar suficiente dinero para comprar esas zapatillas deportivas que vimos en el centro comercial!

—¿Y cómo es eso Leila? —Mamá levantó la vista de la computadora.

—Las personas quieren que sus patios estén limpios y ordenados. Puedo rastrillar las hojas por ellos.

Una sonrisa suavemente se asomó en el rostro de mamá.

—¡Esa es una buena idea!

5. Ⓢ Ⓝ

1. Las frases *ganar suficiente* y *rastrillar hojas* ayudarían a que un lector pueda predecir que este texto se trata sobre

4 / 5
Total

Ⓐ irse de la casa para ganar dinero.

Ⓑ ganar dinero vendiendo rastrillos.

Ⓒ ofrecerse para rastrillar hojas.

Ⓓ ganar dinero rastrillando hojas.

2. El diálogo en el texto muestra que Leila

Ⓐ no puede rastrillar hojas este otoño.

Ⓑ está desilusionada de que su madre no le dé dinero.

Ⓒ está emocionada sobre cómo ganar dinero.

Ⓓ no disfruta del otoño.

3. ¿Cuál es la raíz en *rodando*?

Ⓐ rodar

Ⓑ dorado

Ⓒ rombo

Ⓓ rompa

4. ¿Qué estrategia ayudaría al lector a definir *definitivamente*?

Ⓐ Leer la última oración del texto.

Ⓑ Decir la palabra en voz alta.

Ⓒ Escribir la palabra.

Ⓓ Buscar la palabra en un diccionario.

5. ¿Qué frase del texto es un ejemplo de aliteración?

Ⓐ corrí escaleras abajo

Ⓑ puedo rastrillar las hojas

Ⓒ mirando las hojas

Ⓓ una sonrisa suavemente se asomó

NOMBRE:_____ FECHA:_____

INSTRUCCIONES Lee el texto y luego responde las preguntas.

Tomó tres semanas de trabajo duro. Rastrillé las hojas hasta llenarme de ampollas en las manos. Metí las hojas en bolsas y puse las bolsas junto al cordón para que las recogiera el camión de la basura. Recogí la basura de los patios de las personas y la puse en botes de basura y cubos de reciclaje. La ropa se ensució y los zapatos se embarraron, pero no me importó. Cada semana, sumaba el dinero que ganaba y veía que me acercaba a mi objetivo. Luego, llegó el gran día. Después de trabajar, mamá me llevó al centro comercial, y marché entusiasmada hacia la tienda de zapatos. Encontré las zapatillas deportivas que tanto quería y me probé unas de mi talla. ¡Quedaban perfectas! ¡Finalmente tenía las zapatillas deportivas que quería!

1. Ⓢ Ⓝ

2. Ⓢ Ⓝ

3. Ⓢ Ⓝ

4. Ⓢ Ⓝ

5. Ⓢ Ⓝ

1. ¿Qué palabras le dicen más al lector acerca del texto?

Ⓐ *rastrillé, dinero* y *zapatillas deportivas*

Ⓑ *trabajo, día* y *cubos*

Ⓒ *hojas, ampollas* y *basura*

Ⓓ *tres, camión* y *quedaban*

2. ¿Qué palabras indican que este texto ocurre en el pasado?

Ⓐ *tomó* y *reciclaje*

Ⓑ *acercando* y *finalmente*

Ⓒ *yo* y *mi*

Ⓓ *tomó* y *marché*

3. ¿Qué sufijo puede usarse en *recog–* para hacer una palabra nueva?

Ⓐ *pre–*

Ⓑ *–tura*

Ⓒ *–un*

Ⓓ *–í*

4. ¿Cuál es un sinónimo de *basura*?

Ⓐ embarrado

Ⓑ objetivo

Ⓒ desperdicio

Ⓓ ampollas

5. ¿Qué oración del texto expresa el entusiasmo y la dedicación del narrador?

Ⓐ Rastrillé las hojas hasta llenarme de ampollas en las manos.

Ⓑ Después de trabajar, mamá me llevó al centro comercial y marché entusiasmada hacia la tienda de zapatos.

Ⓒ La ropa se ensució y los zapatos se embarraron, pero no me importó.

Ⓓ todas las opciones anteriores

___ / 5
Total

NOMBRE:_____ FECHA:_____

EL GRAN ROBO DE LAS ZAPATILLAS DEPORTIVAS

No veía la hora de mostrar mis flamantes zapatillas deportivas a mis amigas en el ensayo de la obra de teatro de cuarto grado. Había rastrillado hojas y limpiado jardines durante tres semanas para ahorrar dinero para comprarlas, y estaba muy orgullosa de ellas.

Cuando la práctica comenzó, nuestra directora, la Sra. Rodriguez, nos pidió quitarnos los zapatos primero para no dejar marcas en el escenario. Puse las zapatillas deportivas cuidadosamente en mi mochila roja y le cerré el cierre antes de unirme al grupo.

Después del ensayo, abrí el cierre de mi mochila y me di cuenta de que las zapatillas deportivas no estaban. Me lancé por el escenario.

—Sra. Rodriguez —grité—. Alguien robó mis zapatillas deportivas. Las puse en mi mochila cuando nos dijo que nos quitáramos los zapatos y ¡ahora desaparecieron!

La Sra. Rodriguez levantó la voz para que todos pudieran escuchar. Pidió a los estudiantes que buscaran mis zapatillas deportivas perdidas.

Todos buscaron las zapatillas deportivas, pero no estaban en ningún lugar. Luego, noté que Sasha James abría su mochila y miraba dentro. ¡Allí, justo arriba, estaban mis zapatillas deportivas!

—¡Esas son mis zapatillas deportivas, Sasha! ¿Por qué las robaste? —pregunté bruscamente.

—¡No lo hice! ¡Lo juro! No sé cómo llegaron a mi mochila —dijo Sasha.

De repente, mi rostro se enrojeció cuando me di cuenta de lo que había ocurrido. La mochila de Sasha era exactamente del mismo color que la mía. Había puesto mis zapatillas deportivas en su mochila por error.

—Lo siento mucho, Sasha. Puse mis zapatillas deportivas en tu mochila por accidente. Seguro no estaba prestando atención. No debí acusarte de robar.

—Está bien —dijo Sasha—. Son zapatillas deportivas realmente increíbles. Si fueran mías, también estaría enojada de perderlas.

¡Esa fue la última vez que dije algo sobre alguien sin confirmarlo primero!

NOMBRE:_____ FECHA:_____

INSTRUCCIONES Lee "El gran robo de las zapatillas deportivas" y luego responde las preguntas.

PUNTAJE

1. La primera oración da pistas de que este texto trata sobre

Ⓐ un personaje que se avergüenza por sus acciones.

Ⓑ un personaje que necesita zapatos nuevos.

Ⓒ un personaje que está ansioso de mostrar orgullosamente sus zapatos nuevos.

Ⓓ un personaje que hizo amigos por sus zapatos nuevos.

2. ¿Cuál es el propósito del texto?

Ⓐ El texto se escribió para entretener.

Ⓑ El texto se escribió para educar.

Ⓒ El texto se escribió para explicar.

Ⓓ El texto se escribió para juzgar.

3. ¿Cómo se siente la narradora cuando se da cuenta de que puso las zapatillas deportivas en la mochila incorrecta?

Ⓐ emocionada

Ⓑ avergonzada

Ⓒ asustada

Ⓓ demasiado cansada

4. Al comienzo del texto, la narradora está _____ de ir al ensayo. Al final del texto, está _____ por su comportamiento.

Ⓐ asustada; orgullosa

Ⓑ demasiado cansada; entusiasmada

Ⓒ entusiasmada; avergonzada

Ⓓ ansiosa; entretenida

5. ¿Qué experiencia es más parecida a la de la narradora?

Ⓐ Me robaron la billetera en el museo la semana pasada.

Ⓑ Perdí mi bolígrafo de la suerte en la escuela.

Ⓒ Acusé erróneamente a mi hermana por robar mi camisa.

Ⓓ No puedo encontrar mi tarea, así que tengo que hacerla de nuevo.

6. ¿Qué lección aprende la narradora?

Ⓐ Otros niños pueden tomar tus cosas si las dejas por ahí.

Ⓑ No traigas tus zapatillas deportivas a la escuela.

Ⓒ No digas cosas sobre las personas si no sabes que son verdaderas.

Ⓓ Nunca debes quitarte las zapatillas deportivas.

1. Ⓢ Ⓝ

2. Ⓢ Ⓝ

3. Ⓢ Ⓝ

4. Ⓢ Ⓝ

5. Ⓢ Ⓝ

6. Ⓢ Ⓝ

___ / 6
Total

NOMBRE:_____ **FECHA:**_____

PUNTAJE

___ / 4

INSTRUCCIONES Vuelve a leer "El gran robo de las zapatillas deportivas". Luego, lee la instrucción y responde en las líneas a continuación.

¿Crees que Sasha y Leila serán amigas? Explica tu razonamiento.

_____

_____

_____

_____

_____

_____

_____

_____

_____

_____

_____

_____

_____

_____

_____

_____

_____

SEMANA **3**

DÍA

1

NOMBRE:_____ **FECHA:**_____

INSTRUCCIONES   Lee el texto y luego responde las preguntas.

Si estás en busca de un perro para la familia, el labrador retriever puede ser el perro para ti. Los labradores son originariamente de Terranova. Ahora son populares en todo el mundo. De hecho, ¡los labradores son la raza de perros más popular en los Estados Unidos! Al comienzo los criaron para trabajar con pescadores. Pronto, se convirtieron en habilidosos perros de caza. Ahora, los labradores también son tiernas mascotas para las familias. Les gusta ser activos. También disfrutan estar con sus familias. Son inteligentes y aprenden rápido. Los labradores son de tres colores diferentes: negro, chocolate y dorado. Cualquiera que sea el color de labrador que elijas, tu labrador será una mascota amigable y adorable.

1. ⓈⓃ

2. ⓈⓃ

3. ⓈⓃ

4. ⓈⓃ

5. ⓈⓃ

___ / 5
Total

1. ¿Qué imagen contaría al lector sobre el texto?

Ⓐ una imagen de Inglaterra
Ⓑ una imagen de los Estados Unidos
Ⓒ una imagen de un laboratorio de ciencias
Ⓓ una imagen de un labrador retriever

2. ¿Cuál contiene la idea principal?

Ⓐ la segunda oración
Ⓑ la tercera oración
Ⓒ la cuarta oración
Ⓓ la última oración

3. ¿Cuál es el sufijo en *cazar*?

Ⓐ –ar
Ⓑ caz
Ⓒ az–
Ⓓ cazar

4. ¿De qué color es el labrador chocolate?

Ⓐ negro
Ⓑ blanco
Ⓒ con manchas
Ⓓ marrón

5. ¿Cuál es el propósito del autor?

Ⓐ entretener
Ⓑ persuadir
Ⓒ instruir
Ⓓ explicar

NOMBRE:_____ FECHA:_____

INSTRUCCIONES   Lee el texto y luego responde las preguntas.

1. Ⓢ Ⓝ

2. Ⓢ Ⓝ

3. Ⓢ Ⓝ

> ¿Te has preguntado alguna vez qué altura pueden llegar a tener los perros? No busques más allá del lobero irlandés. Los loberos son la raza de perros más alta. Su altura promedio está entre treinta y uno y treinta y tres pulgadas de alto; eso es casi la altura promedio de un ser humano a los dos años de edad. ¡Al pararse sobre las patas traseras, los loberos pueden estirarse hasta siete pies! Los loberos son leales a sus familias y son amigables con extraños. Aunque son grandes, los loberos irlandeses también son muy buenos con los niños. Parecen saber que deben tener cuidado al estar con niños pequeños. Porque son tan grandes, les gusta más si tienen un gran patio para jugar.

4. Ⓢ Ⓝ

5. Ⓢ Ⓝ

___ / 5
Total

1. ¿Qué altura tiene el lobero irlandés promedio?

Ⓐ siete pies

Ⓑ dos años de edad

Ⓒ alrededor de treinta y dos pulgadas

Ⓓ treinta y tres pies

2. ¿Qué enunciado **no** es verdad?

Ⓐ Los loberos irlandeses son perros muy grandes y altos.

Ⓑ Los loberos irlandeses son animales leales.

Ⓒ Los loberos irlandeses no necesitan mucho espacio.

Ⓓ Los loberos irlandeses son buenos con los niños pequeños.

3. ¿Cuál es el sufijo en la palabra *cuidadoso*?

Ⓐ *–mente*

Ⓑ *cuida–*

Ⓒ *–oso*

Ⓓ *dado*

4. ¿Qué definición de *traseras* se usa en el texto?

Ⓐ de atrás o posterior

Ⓑ ciervo hembra

Ⓒ lindas

Ⓓ frontal

5. ¿Cuál describe mejor el tono?

Ⓐ serio

Ⓑ infantil

Ⓒ informativo

Ⓓ altivo

 126832—180 Days of Reading—Spanish

NOMBRE:_____ **FECHA:**_____

| INSTRUCCIONES | Lee el texto y luego responde las preguntas. |

Si crees que todos los perros ladran, no has conocido al basenji. Los basenjis fueron criados al comienzo en África. Posteriormente se trajeron a los Estados Unidos en el año 1941. Los basenjis tienen un refinado pelaje corto. No necesitan mucho cepillado. Son perros muy activos y juguetones, así que requieren mucho ejercicio y atención. Puedes entrenar a un basenji para que camine con correa y obedezca órdenes. Son inteligentes y aprenden rápido. Los basenjis piensan por sí mismos, así que es importante entrenarlos de manera temprana. Y simplemente porque los basenjis no ladren no significa que no hagan ruido. ¡Los basenjis pueden chirriar, lloriquear y hasta cantar a la tirolesa!

1. Ⓢ Ⓝ

2. Ⓢ Ⓝ

3. Ⓢ Ⓝ

4. Ⓢ Ⓝ

5. Ⓢ Ⓝ

___ / 5
Total

1. ¿Qué frase **no** describe a los basenjis?

- Ⓐ no hacen ruido
- Ⓑ si piensas
- Ⓒ y hasta cantar a la tirolesa
- Ⓓ inteligentes y aprenden rápido

2. ¿Qué título describe mejor la idea principal?

- Ⓐ Cepillado simple del perro
- Ⓑ Cómo entrenar a tu perro
- Ⓒ Te presentamos al basenji
- Ⓓ La historia de África

3. ¿Qué palabra tiene el mismo lexema que *crianza*?

- Ⓐ creado
- Ⓑ crisis
- Ⓒ serenata
- Ⓓ criar

4. ¿Qué es un *canto a la tirolesa*?

- Ⓐ una raza de perro
- Ⓑ un juguete
- Ⓒ un tipo de sonido
- Ⓓ un color

5. ¿Cuál tipo de texto tendría un tono similar?

- Ⓐ un diccionario
- Ⓑ un libro de chistes
- Ⓒ un cuento de hadas
- Ⓓ un libro de no ficción sobre razas de gatos

NOMBRE:_____ FECHA:_____

¿QUÉ PERRO ES EL INDICADO PARA TI?

"Sí, podemos tener un perro." ¡Qué emoción! Un perro puede brindarte muchos años de amor y amistad. Pero antes de traer un perro a casa, hay algunas cosas que necesitas decidir. Una de ellas es qué raza de perro elegir. Diferentes razas de perro son mejores para distintas familias. Estas preguntas te ayudarán a elegir el perro indicado para ti.

¿Cuánto espacio tienes?

Los perros son de muchos tamaños diferentes, al igual que los hogares. Asegúrate de que tu hogar tenga suficiente espacio para tu nuevo amigo. Si vives en un departamento, un perro pequeño, como un pug o un boston terrier, es una buena opción. Si vives en una casa con mucho espacio y un patio grande, posiblemente quieras una raza grande. Algunas razas grandes muy populares son los labradores terrier y los caniches estándar.

¿Quiénes forman tu familia?

Algunas razas de perros son muy buenas con los niños pequeños. El golden retriever es una de esas razas. Otras razas, como el border collie, prefieren niños más grandes. ¿Cuántos niños hay en tu familia? ¿Qué edad tienen? Asegúrate de que el perro que elijas sea correcto para tu familia.

¿Qué tan activa es tu familia?

Todos los perros necesitan hacer ejercicio, pero algunas razas de perros son más activas que otras. ¿Le gusta a tu familia ir de campamento o hacer senderismo? ¿Practicas deportes? Posiblemente quieras un perro activo. Algunas razas populares activas son el setter irlandés y el Jack Russell terrier. Si tu familia es menos activa, será mejor un perro que requiera menos actividad. Los basset hounds y los cocker spaniels, por ejemplo, son perros menos activos.

¿Cuánto tiempo tienes?

Los perros necesitan que los entrenen, alimenten, cepillen y saquen a pasear regularmente. Eso toma mucho tiempo. Y los perros son buenos amigos, así que querrás jugar con tu perro. Eso también toma tiempo. Algunas razas, como el pequinés, necesitan ser cepillados cuidadosamente todos los días. Otras razas, como el perro salchicha de patas cortas, necesitan mucho entrenamiento. El entrenamiento y el cepillado toman mucho tiempo. ¿Cuánto tiempo libre tienes? ¿Tendrás tiempo suficiente para cuidar el perro que elijas?

NOMBRE:_____ **FECHA:**_____

Lee "¿Qué perro es el indicado para ti?" y luego responde las preguntas.

PUNTAJE

1. Según el título, ¿qué predicción sobre el texto es más apropiada?

(A) Se trata de cómo corregir el comportamiento de los perros que se comportan mal.

(B) Se trata de seleccionar un perro que se adapte mejor a las necesidades propias.

(C) Se trata de perros de la costa oeste y la costa este.

(D) Se trata de un viaje al veterinario.

2. Un lector más probablemente leería el texto si quisiera

(A) tener un basset hound.

(B) asegurarse de elegir la raza de perro correcta para sí mismo.

(C) tener un gato.

(D) tener el perro más pequeño que pudiera encontrar.

3. ¿Qué raza de perro **no** sería una buena opción si vivieras en un departamento?

(A) caniche estándar

(B) pug

(C) boston terrier

(D) perro salchicha

4. Saber sobre _____ antes de leer ayudaría a un lector a comprender el texto.

(A) perros

(B) departamentos

(C) natación

(D) senderismo

5. ¿Cuál es la idea principal del primer párrafo?

(A) Tendrás que tomar muchas decisiones cuando tengas un perro.

(B) Es emocionante tener un perro nuevo.

(C) Diferentes razas de perros son correctas para distintos tipos de familias.

(D) Todos deben tener un perro nuevo.

6. ¿Por qué es importante para una familia elegir el perro correcto?

(A) para que la familia y el perro estén felices

(B) para que la familia no se canse de sacar a pasear al perro

(C) para que el alimento para el perro no sea demasiado costoso

(D) para que el perro no se ponga tan grande

1. Ⓢ Ⓝ

2. Ⓢ Ⓝ

3. Ⓢ Ⓝ

4. Ⓢ Ⓝ

5. Ⓢ Ⓝ

6. Ⓢ Ⓝ

___ / 6

Total

NOMBRE:_____ **FECHA:**_____

PUNTAJE

___ / 4

INSTRUCCIONES Vuelve a leer "¿Qué perro es el indicado para ti?". Luego, lee la instrucción y responde en las líneas a continuación.

Hay ciertos tipos de razas que son correctos para ciertos tipos de personas. ¿Qué tipo de perro sería mejor para ti?

_____
_____
_____
_____
_____
_____
_____
_____
_____
_____
_____
_____
_____
_____
_____
_____

NOMBRE:_____ **FECHA:**_____

INSTRUCCIONES   Lee el texto y luego responde las preguntas.

—Diles a mamá y a papá que vuelvo a las 5:00 —Kyle dijo a su hermana, Jenny—. Voy a jugar baloncesto con Matt y Sam.

—Bueno, lo haré —dijo Jenny mientras le pasaba a Kyle su casco.

Kyle se ató la correa del casco, salió corriendo por la puerta frontal y saltó sobre la bicicleta. Estaba en tal apuro que giró demasiado rápido al final del camino de entrada, se volcó y cayó sobre la acera. Kyle lentamente se sentó y trató de averiguar si estaba herido. Todo parecía estar bien. Luego, trató de doblar su brazo. ¡Ay! Kyle supo inmediatamente que se había herido el brazo.

1. (S)(N)

2. (S)(N)

3. (S)(N)

4. (S)(N)

5. (S)(N)

1. ¿Qué predicción es más razonable si un lector nota las palabras *herido* y *cayó*?

(A) El texto es sobre alguien que cae y se lastima.

(B) El texto es sobre alguien que se golpeó el dedo mientras caminaba.

(C) El texto es sobre el otoño.

(D) El texto es sobre cómo andar en bicicleta.

2. ¿Cuál es el escenario?

(A) la habitación de Kyle

(B) la cochera

(C) un estacionamiento

(D) el camino de entrada de Kyle

3. ¿Qué palabras tienen el mismo sufijo?

(A) *volcó* y *pasaba*

(B) *afuera* y *dedo*

(C) *dijo* y *giró*

(D) *ató* y *cayó*

4. ¿Qué palabra indica que Kyle está herido?

(A) apuro

(B) volcó

(C) gravemente

(D) ¡Ay!

5. ¿Qué frase indica que Kyle se mueve demasiado rápido?

(A) volcó

(B) salió corriendo

(C) se sentó lentamente

(D) se había herido el brazo

___ / 5
Total

NOMBRE:_____ **FECHA:**_____

Lee el texto y luego responde las preguntas.

PUNTAJE

1. Ⓢ Ⓝ

2. Ⓢ Ⓝ

3. Ⓢ Ⓝ

4. Ⓢ Ⓝ

5. Ⓢ Ⓝ

___ / 5
Total

—¿Un brazo roto? —Kyle refunfuñó mientras entraba al consultorio del médico—. No puede estar roto. Todo lo que hice fue caerme de la bicicleta sobre la acera.

—Lo siento mucho —dijo el Dr. Barlow—, pero tu hueso está fracturado. Déjame mostrarte la radiografía que le tomamos.

Juntos, Kyle y el Dr. Barlow examinaron cuidadosamente la radiografía. El Dr. Barlow estaba en lo correcto; el hueso de Kyle estaba fracturado. Iba a necesitar un yeso.

—¡No es justo! —se quejó Kyle—. Ahora, no podré ir a las pruebas de béisbol la semana que viene.

El Dr. Barlow pensó un minuto. —¿Hay algún otro deporte que disfrutes? Podrías probar otra cosa después de que se cure el brazo.

—Tal vez —dijo Kyle dubitativo—. Al menos podría pensarlo.

1. ¿Qué título va mejor con este texto?

Ⓐ Un accidente automovilístico
Ⓑ Una caída de la bicicleta
Ⓒ Una radiografía decepcionante
Ⓓ Problemas con el béisbol

2. ¿Cual es la solución del Dr. Barlow?

Ⓐ Kyle debe hacerse otra radiografía.
Ⓑ Kyle debe andar más en bicicleta.
Ⓒ Kyle debería probar el béisbol.
Ⓓ Kyle debería probar otro deporte.

3. ¿Qué sinónimo para *fracturado* se usa en el texto?

Ⓐ roto
Ⓑ mordido
Ⓒ curado
Ⓓ cubierto

4. ¿Qué palabra o frase indica que Kyle está enojado?

Ⓐ fracturado
Ⓑ se quejó
Ⓒ dijo
Ⓓ pensó

5. ¿Qué palabra o frase muestra que Kyle no está seguro sobre la idea del Dr. Barlow?

Ⓐ se quejó
Ⓑ miró
Ⓒ dubitativo
Ⓓ examinó

 126832—180 Days of Reading—Spanish

NOMBRE:_____ FECHA:_____

| INSTRUCCIONES | Lee el texto y luego responde las preguntas. |

Kyle y Matt estaban al lado del gimnasio de la escuela observando una lista de las fechas de pruebas para deportes.

—Aquí hay una —dijo Matt—. Las pruebas para fútbol comienzan en tan solo cuatro semanas, así que ya no tendrás ese incómodo yeso en tu brazo para entonces.

—En realidad no disfruto el fútbol. Déjame ver si otra cosa parece ser interesante —dijo Kyle. Luego, notó otro cartel: ¡pruebas para el equipo de natación! Matt también vio el cartel.

—Te gusta nadar, Kyle —dijo Matt—. Deberías hacer pruebas para el equipo de natación.

—Tal vez lo haga —Kyle respondió con interés—. Las pruebas no comienzan hasta el mes que viene.

1. ¿Cómo se siente Kyle sobre el fútbol?

- Ⓐ Cree que es divertido.
- Ⓑ Quiere hacer pruebas para el equipo.
- Ⓒ No le gusta.
- Ⓓ No quiere hacer el mismo deporte que Matt.

2. ¿Cuál es la solución de Kyle?

- Ⓐ A Kyle le encanta el fútbol, así que probará entrar al equipo de fútbol.
- Ⓑ Kyle puede probar entrar al equipo de natación después de que le quiten el yeso.
- Ⓒ A Kyle no le gusta nadar.
- Ⓓ Kyle no quiere hacer ningún deporte.

3. ¿Cuál es la raíz en *respondió*?

- Ⓐ dió
- Ⓑ respond
- Ⓒ *re*
- Ⓓ repetir

4. ¿Cuál es un sinónimo para *notó*?

- Ⓐ vio
- Ⓑ escribió
- Ⓒ perdió
- Ⓓ ignoró

5. ¿Cuál es el propósito del autor?

- Ⓐ informar
- Ⓑ persuadir
- Ⓒ definir
- Ⓓ entretener

_____ / 5
Total

NOMBRE:_____ FECHA:_____

FORMACIÓN DEL EQUIPO

—Date prisa, Kyle —dijo papá—. ¡Debemos irnos a las pruebas para el equipo de natación!

Kyle se sentó desanimado en la cama. Le gustaba nadar, pero estaba convencido de que no sería lo suficientemente rápido como para impresionar al entrenador. Y definitivamente no quería avergonzarse.

—Cambié de idea —respondió de un grito—. Decidí no ir.

Ahora Kyle escuchó el familiar sonido de los pasos de su padre en la escalera, *tac, tac*. Papá asomó la cabeza en la habitación de Kyle.

—¿Por qué no? —preguntó—. Pensé que te gustaba nadar.

—Sí, pero…

—Pero tienes miedo de no entrar al equipo, ¿verdad?

Kyle levantó la vista ligeramente. ¿Cómo adivinó su papá?

—Escucha —dijo papá—. Probablemente tengas miedo, ¿pero por qué no dejas que el entrenador al menos te tome el tiempo? No hay nada que perder si lo intentas, incluso si no entras en el equipo. ¿Y quién sabe? Hasta puedes sorprenderte tú mismo.

Kyle lo pensó por un rato.

—Bueno, creo que iré —finalmente suspiró. Media hora más tarde, Kyle esperaba con todos los que querían hacer la prueba. No le gustaba la idea de decepcionar a su padre, así que cuando el entrenador dijo su nombre, se acercó hasta el borde de la piscina. El entrenador sopló el silbato y Kyle se zambulló, agitando el agua tan rápido como podía. Cuando llegó al otro lado de la piscina, asomó la cabeza, tomó la escalera de acero en el borde de la piscina y se quitó el pelo de los ojos. Nervioso, salió del agua y regresó donde estaba el entrenador.

—¿Cómo lo hice? —prácticamente susurró.

El entrenador miró el cronómetro con los ojos entrecerrados y luego sonrió.

—¡Tuviste un tiempo fabuloso! De hecho, tienes uno de los tiempos más rápidos que he visto hoy. Harás un trabajo fantástico en el equipo de natación.

NOMBRE:_____ **FECHA:**_____

INSTRUCCIONES Lee "Formación del equipo" y luego responde las preguntas.

1. ¿De qué trata el texto?

(A) equipos de entrenamiento

(B) pruebas para una banda

(C) formación del equipo de natación

(D) jugar juegos en la escuela

2. ¿Cuál es el propósito del autor?

(A) entretener

(B) persuadir a los lectores para que hagan pruebas para un equipo de natación

(C) enseñar a los lectores cómo jugar polo acuático

(D) explicar cómo nadar

3. ¿Cómo se siente Kyle después de su prueba de natación?

(A) orgulloso

(B) nervioso

(C) celoso

(D) enojado

4. ¿Qué oración es el momento más culminante en el texto?

(A) Le gustaba nadar, pero estaba convencido de que no sería lo suficientemente rápido como para impresionar al entrenador.

(B) Papá asomó la cabeza en la habitación de Kyle.

(C) No le gustaba la idea de decepcionar a su padre, así que cuando el entrenador dijo su nombre, se acercó hasta el borde de la piscina.

(D) Kyle se sentó desanimado en la cama.

5. La experiencia de Kyle es muy parecida a la de alguien que

(A) gana la lotería.

(B) olvida estudiar para un examen y falla.

(C) está nervioso por un examen, pero obtiene una buena calificación.

(D) decepciona a un familiar.

6. ¿Cuál es el problema?

(A) Kyle teme lastimarse.

(B) Kyle no puede encontrar su traje de baño.

(C) Kyle no escuchará a su padre.

(D) Kyle teme no poder entrar al equipo.

1. (S)(N)

2. (S)(N)

3. (S)(N)

4. (S)(N)

5. (S)(N)

6. (S)(N)

___ / 6
Total

NOMBRE:_____ **FECHA:**_____

INSTRUCCIONES Vuelve a leer "Formación del equipo". Luego, lee la instrucción y responde en las líneas a continuación.

Piensa en un momento en que probaste algo que creías que no podías hacer. Describe tu experiencia.

_____

_____

_____

_____

_____

_____

_____

_____

_____

_____

_____

_____

_____

_____

_____

_____

126832—180 Days of Reading—Spanish

NOMBRE:_____ FECHA:_____

INSTRUCCIONES Lee el texto y luego responde las preguntas.

Los incendios pueden ser peligrosos, por lo que la seguridad ante incendios es importante. Aquí te mostramos algunas cosas que puedes hacer para estar preparado y mantener tu hogar seguro:

- Cocina siempre con un adulto.
- No juegues en la cocina.
- Mantén toallas y cosas inflamables alejadas de la estufa, las chimeneas y los calentadores.
- Nunca coloques ropa o cosas inflamables sobre una lámpara.
- No conectes demasiados elementos en un solo tomacorrientes.
- Nunca juegues con fósforos o encendedores.

1. Ⓢ Ⓝ

2. Ⓢ Ⓝ

3. Ⓢ Ⓝ

4. Ⓢ Ⓝ

5. Ⓢ Ⓝ

1. ¿Qué le dice al lector sobre el texto la primera oración?

- Ⓐ Se trata de las mejores formas de comenzar incendios.
- Ⓑ Se trata de cómo calentar cosas sin usar fuego.
- Ⓒ Se trata de tragedias que ocurrieron debido a los incendios.
- Ⓓ Se trata sobre cómo estar seguro cuando hay incendios cerca.

2. ¿Cuál es la idea principal?

- Ⓐ Los adultos deben cocinar.
- Ⓑ No juegues con fósforos o encendedores.
- Ⓒ Hay cosas que puedes hacer para estar seguro y prevenir incendios.
- Ⓓ Los incendios son muy peligrosos.

3. La palabra *inflamables* tiene

- Ⓐ tres sílaba.
- Ⓑ dos sílabas.
- Ⓒ cuatro sílabas.
- Ⓓ ninguna de las opciones anteriores

4. Un antónimo de *siempre* es

- Ⓐ nunca.
- Ⓑ no.
- Ⓒ lejos.
- Ⓓ desde.

5. ¿Cuál es el propósito del autor?

- Ⓐ instruir
- Ⓑ asustar
- Ⓒ entretener
- Ⓓ persuadir

___ / 5
Total

NOMBRE:_____ FECHA:_____

PUNTAJE

1. Ⓢ Ⓝ

2. Ⓢ Ⓝ

3. Ⓢ Ⓝ

4. Ⓢ Ⓝ

5. Ⓢ Ⓝ

___ / 5
Total

INSTRUCCIONES   Lee el texto y luego responde las preguntas.

Una de las cosas más importantes que puede hacer tu familia para mantenerse segura es cuidar bien las alarmas contra incendios en tu casa. Las alarmas contra incendios advierten a tu familia si hay un incendio. Luego, hay tiempo para llamar al departamento de bomberos y ponerse a salvo. Puedes ayudar a que las alarmas contra incendios hagan su trabajo. Cada mes, diles a tus padres que prueben las alarmas contra incendios a fin de asegurarse de que estén funcionando adecuadamente. También es importante cambiar las baterías de las alarmas contra incendios. Las baterías deben cambiarse todos los años. También puedes recordarles a tus padres que lo hagan. Tan solo unos minutos al mes y baterías nuevas cada año pueden hacer una gran diferencia en cuanto a la seguridad ante incendios.

1. ¿Qué le dice al lector sobre el texto la primera oración?

Ⓐ Se trata sobre la seguridad en el hogar.

Ⓑ Se trata de por qué deben probarse las alarmas contra incendios.

Ⓒ Se trata sobre cómo cambiar las baterías de una alarma contra incendios.

Ⓓ Se trata de cuidar las alarmas contra incendios.

2. ¿Qué resumen **no** está basado en información del texto?

Ⓐ Cambia las baterías de la alarma contra incendios cada dos años.

Ⓑ Cambiar las baterías en las alarmas contra incendios puede hacer una gran diferencia.

Ⓒ Debes recordarle a un adulto que verifique que funcionen adecuadamente las alarmas contra incendios de tu casa.

Ⓓ Cambia las baterías de la alarma contra incendios cada año.

3. ¿Qué parte de la palabra *adecuadamente* es el sufijo?

Ⓐ –mente

Ⓑ adecuada

Ⓒ adecua–

Ⓓ ade–

4. Un sinónimo de *adecuadamente* es

Ⓐ importante.

Ⓑ seguridad.

Ⓒ debe.

Ⓓ correctamente.

5. ¿Qué palabra describe mejor el tono?

Ⓐ asustado

Ⓑ cómico

Ⓒ serio

Ⓓ informal

NOMBRE:_____ FECHA:_____

INSTRUCCIONES   Lee el texto y luego responde las preguntas.

¿Cómo empiezan los incendios? Todos los incendios necesitan tres cosas para quemar: oxígeno, combustible y una fuente de calor. Casi cualquier cosa que pueda quemarse puede ser combustible. Pero algunas cosas como la madera y la tela se queman más fácilmente que otras. Las cosas que se queman fácilmente deben almacenarse cuidadosamente para que no se produzca un incendio. Pero los incendios también necesitan una fuente de calor. Las lámparas, los fósforos, los encendedores y las cocinas son todas fuentes de calor. Los incendios no pueden arder a menos que tengan oxígeno, combustible y calor. Entonces, si mantienes las cosas que se queman fácilmente lejos de las fuentes de calor, puedes prevenir incendios.

1. ⑤Ⓝ

2. ⑤Ⓝ

3. ⑤Ⓝ

4. ⑤Ⓝ

5. ⑤Ⓝ

1. ¿De qué trata el texto?

Ⓐ El texto trata sobre cómo apagar incendios.

Ⓑ El texto es sobre la historia de los incendios.

Ⓒ El texto es sobre cómo se inician los incendios.

Ⓓ El texto es sobre incendios peligrosos.

2. ¿Cuál **no** es fuente de calor?

Ⓐ estufas

Ⓑ lámparas

Ⓒ fósforos

Ⓓ oxígeno

3. ¿Cuál es el sufijo en *fácilmente*?

Ⓐ –*mente*

Ⓑ *fáci*–

Ⓒ fácil

Ⓓ –*lmente*

4. ¿Cuál es el propósito del autor?

Ⓐ entretener

Ⓑ persuadir a los lectores para que inicien incendios

Ⓒ convencer a los lectores de que se conviertan en bomberos

Ⓓ informar a los lectores sobre la seguridad ante incendios

5. ¿Desde qué punto de vista está escrito el texto?

Ⓐ primera persona

Ⓑ segunda persona

Ⓒ tercera persona

Ⓓ ninguna de las opciones anteriores

_____ / 5
Total

NOMBRE:_____ FECHA:_____

LA VIDA DE UN BOMBERO

¿Te gustaría ser bombero? ¿Qué hacen los bomberos? Extinguen incendios. Salvan personas. Visitan escuelas para hablar sobre la seguridad ante incendios. Los bomberos hacen todo lo mencionado anteriormente. Pero también hacen muchas otras cosas.

Cuando comienza un incendio, los bomberos llegan allí rápido. También trabajan rápido. Se debe a que los bomberos practican. No es fácil extinguir incendios. Los bomberos tienen que actuar rápido para poder extinguir el incendio de inmediato. También tienen que trabajar en equipo. Todos en el equipo deben saber qué hacer. Eso requiere práctica. Entonces, los bomberos practican juntos para estar preparados para el siguiente incendio. También aprenden nuevas maneras de extinguir incendios y otras cosas que los ayudan a hacer su trabajo. Luego, practican esas nuevas habilidades.

Los bomberos ayudan a las personas que están heridas. Cuando las personas están heridas, los bomberos a menudo llegan primero a la escena. Los bomberos saben cómo brindar primeros auxilios. Los bomberos están entrenados para dar tipos especiales de primeros auxilios.

Los bomberos hacen mejor su trabajo si están en buena forma. También hacen su trabajo mejor si los camiones y las herramientas están limpios y listos para usar. Por ello, los bomberos se cuidan bien el cuerpo. También cuidan sus camiones y herramientas. Se mantienen en buena forma y saludables. Hacen ejercicio. También limpian y reparan su equipo y herramientas. De esa manera, cuando hay un incendio, todo el equipo funciona de la manera que debería.

Cuanto más sepan las personas sobre la seguridad ante incendios, más seguras estarán. Los bomberos enseñan a las personas sobre la seguridad ante incendios. Les enseñan cómo prevenir incendios y qué hacer si hay un incendio. Algunos bomberos visitan escuelas. Otros hablan sobre la seguridad ante incendios en la radio y en la televisión. Los incendios son peligrosos y pueden ser aterradores. Pero los bomberos están allí para ayudar a mantener a las personas seguras.

NOMBRE: _____ **FECHA:** _____

Lee "La vida de un bombero" y luego responde las preguntas.

1. ¿Qué título alternativo **no** va con este texto?

Ⓐ El trabajo de un bombero

Ⓑ Qué hacen los bomberos

Ⓒ Cómo convertirse en bombero

Ⓓ Bomberos: En el trabajo

2. Un lector más probablemente leería el texto para

Ⓐ aprender más sobre cómo extinguir incendios.

Ⓑ informarse sobre la seguridad ante incendios.

Ⓒ entretenerse con una historia ficticia sobre incendios.

Ⓓ aprender más sobre bomberos.

3. ¿Cuál de las siguientes **no** hacen los bomberos?

Ⓐ salvar personas

Ⓑ extinguir incendios

Ⓒ visitar escuelas para hablar sobre la seguridad ante incendios

Ⓓ arrestar personas

4. ¿Cuándo hacen mejor su trabajo los bomberos?

Ⓐ cuando están en buena forma

Ⓑ cuando están con sueño

Ⓒ cuando hacen ruido

Ⓓ cuando están sucios

5. Saber sobre _____ ayudaría a que el lector entienda el texto.

Ⓐ primeros auxilios

Ⓑ el trabajo en equipo

Ⓒ salud y bienestar

Ⓓ todas las opciones anteriores

6. ¿Qué enunciado sobre bomberos **no** es verdadero?

Ⓐ Los bomberos se cuidan el cuerpo y cuidan los equipos.

Ⓑ Los bomberos saben primeros auxilios.

Ⓒ Los bomberos no trabajan como un equipo.

Ⓓ Los bomberos enseñan a las personas sobre la seguridad ante incendios.

1. Ⓢ Ⓝ
2. Ⓢ Ⓝ
3. Ⓢ Ⓝ
4. Ⓢ Ⓝ
5. Ⓢ Ⓝ
6. Ⓢ Ⓝ

___ / 6
Total

NOMBRE:_____ **FECHA:**_____

INSTRUCCIONES Vuelve a leer "La vida de un bombero". Luego, lee la instrucción y responde en las líneas a continuación.

Piensa en cómo es la vida de un bombero. ¿Quisieras ser bombero? Explica tu razonamiento.

_____
_____
_____
_____
_____
_____
_____
_____
_____
_____
_____
_____
_____
_____
_____
_____

NOMBRE:_____ **FECHA:**_____

INSTRUCCIONES   Lee el texto y luego responde las preguntas.

¡Fue el peor día hasta ahora! Primero, Melisa pisó un charco y se le embarraron los pantalones nuevos. Luego, cuando llegó a la escuela, no podía encontrar su tarea de matemáticas. Melisa decidió contarle al maestro lo que había sucedido. Entró nerviosamente al salón de clases.

—Sr. Harper, lo siento, pero hoy olvidé traer mi tarea de matemáticas.

—¿Hiciste la tarea? —preguntó el Sr. Harper al levantar la vista.

—Sí, la hice. Incluso la puse en mi carpeta de matemáticas. Pero olvidé mi carpeta en casa.

—No te preocupes. La tarea no debe entregarse hasta mañana —dijo el Sr. Harper.

¡Qué alivio! Al menos algo salió bien.

1. Ⓢ Ⓝ
2. Ⓢ Ⓝ
3. Ⓢ Ⓝ
4. Ⓢ Ⓝ
5. Ⓢ Ⓝ

___ / 5
Total

1. ¿De qué trata el texto?
Ⓐ ganar un premio grande
Ⓑ un mal día
Ⓒ cómo hacer pizza
Ⓓ planetas y estrellas

2. ¿Qué título va mejor con este texto?
Ⓐ Un día embarrado
Ⓑ Olvido de la tarea
Ⓒ La clase del Sr. Harper
Ⓓ El peor día hasta ahora

3. *Nerviosamente* es
Ⓐ un sustantivo.
Ⓑ un adverbio.
Ⓒ un verbo.
Ⓓ un pronombre.

4. ¿Qué palabra indica los sentimientos de Melisa al final del texto?
Ⓐ descanso
Ⓑ menos
Ⓒ mañana
Ⓓ preocupación

5. *¡Fue el peor día hasta ahora!* es un ejemplo de
Ⓐ una metáfora.
Ⓑ hipérbole.
Ⓒ personificación.
Ⓓ onomatopeya.

NOMBRE:_____ FECHA:_____

PUNTAJE

INSTRUCCIONES   Lee el texto y luego responde las preguntas.

1. Ⓢ Ⓝ

—Tengo un anuncio —dijo el Sr. Harper. Todos dejaron de trabajar y escucharon con atención.

—Han trabajado mucho en sus multiplicaciones. Se merecen una oportunidad para obtener una recompensa. Escribiré tres problemas de multiplicación en la pizarra. Quiero que todos escriban los problemas en una hoja de papel, los resuelvan y me los entreguen. Luego, sacaré un papel. Si elijo su papel y las respuestas son correctas, ganarán dos entradas para el cine.

2. Ⓢ Ⓝ

3. Ⓢ Ⓝ

—¡Vaya! —Melisa le dijo a Beth emocionada—. ¡Qué gran premio! Me encanta el cine.

—¡A mí también! —dijo Beth—. Espero que una de nosotras gane. Así podemos ir al cine juntas.

4. Ⓢ Ⓝ

5. Ⓢ Ⓝ

1. ¿Qué palabras le dan al lector la mejor vista previa del texto?

- Ⓐ *anuncio, recompensa, cine*
- Ⓑ *escuchar, multiplicación, ganar*
- Ⓒ *hacer, problemas, recompensa*
- Ⓓ *papeles, atención, cine*

___ / 5
Total

2. ¿Qué título va mejor con este texto?

- Ⓐ Entradas gratis
- Ⓑ Hora de los anuncios
- Ⓒ Multiplicar por una entrada para el cine
- Ⓓ ¡Vamos al cine!

3. ¿Cuál es la raíz en *juntas*?

- Ⓐ junt
- Ⓑ as
- Ⓒ jun
- Ⓓ ntas

4. ¿Qué palabra es sinónimo de *premio*?

- Ⓐ correcto
- Ⓑ anuncio
- Ⓒ multiplicación
- Ⓓ recompensa

5. ¿Cuál es el propósito del autor?

- Ⓐ entretener
- Ⓑ informar
- Ⓒ persuadir
- Ⓓ dar instrucciones

NOMBRE:_____ **FECHA:**_____

INSTRUCCIONES   Lee el texto y luego responde las preguntas.

El Sr. Harper era un buen maestro. A Melisa le gustaba que explicara las matemáticas para que ella pudiera entender. Hoy, el Sr. Harper había pensado en algo mejor que nunca. Escribió tres problemas de multiplicación en la pizarra y pidió a todos que los resolvieran. ¡Todos los que entregaran un papel con las respuestas correctas tenían la oportunidad de ganar un par de entradas para el cine! Ni un sonido se escuchó mientras el Sr. Harper sacaba un papel de la pila, corregía las respuestas y miraba a la clase.

—Tenemos un ganador —dijo—. Melisa, ¡tú irás al cine!

—¡Gané! —gritó Melisa y saltó emocionada—. ¡Qué clase maravillosa!

1. Ⓢ Ⓝ
2. Ⓢ Ⓝ
3. Ⓢ Ⓝ
4. Ⓢ Ⓝ
5. Ⓢ Ⓝ

1. ¿Qué pregunta **no** ayudaría a los lectores a entender el texto?

Ⓐ ¿Quién ganó las entradas para el cine?

Ⓑ ¿Por qué a Melisa le gusta la clase del Sr. Harper?

Ⓒ ¿Cuántos problemas escribió el Sr. Harper en la pizarra?

Ⓓ ¿Qué día de la semana el Sr. Harper les hace resolver a sus estudiantes problemas de matemáticas?

2. ¿Cuál es el escenario?

Ⓐ la casa de Melisa
Ⓑ un salón de clases
Ⓒ la casa del Sr. Harper
Ⓓ el cine

3. Un sinónimo de *pizarra* es

Ⓐ pisara
Ⓑ tablón
Ⓒ pizza
Ⓓ pizarrón

4. ¿Qué palabra describe mejor las emociones de Melisa?

Ⓐ quería
Ⓑ mejor
Ⓒ grande
Ⓓ emocionada

5. *Papel de la pila* es un ejemplo de

Ⓐ un símil.
Ⓑ aliteración.
Ⓒ una metáfora.
Ⓓ rima.

___ / 5
Total

NOMBRE:_____ **FECHA:**_____

UN DESASTRE DE PELÍCULA

Melisa y Sandra se sentaron en la cafetería a terminar su almuerzo.

—El Sr. Harper nos pidió a todos que resolviéramos tres problemas —dijo Melisa—. Los que contestaron bien participaron de un sorteo para ganar dos entradas para el cine. ¡Fui la ganadora! ¡Estoy tan emocionada!

—¡Eres muy afortunada! —dijo Sandra—. Me encanta ir al cine.

—¿De verdad? Si quieres, podríamos usar mis entradas e ir al cine este fin de semana.

—¡Eres la mejor amiga del mundo! —dijo Sandra y abrazó a Melisa.

En ese momento, la amiga de Melisa, Beth, llegó a la mesa y dijo:

—¡Melisa, eres increíblemente afortunada! No puedo esperar a ir al cine contigo. Debemos elegir una película.

De pronto, Melisa sintió que se le encogía el estómago. Había olvidado que Beth y ella habían prometido ir al cine si una de las dos ganaba las entradas. Sandra bajó la cabeza y se le llenaron los ojos de lágrimas. Melisa le dijo a Beth:

—Esto es mi culpa. Olvidé que tú y yo prometimos que compartiríamos las entradas si una de nosotras ganaba. En cambio, invité a Sandra a ir al cine.

Luego, se dio vuelta y le dijo a Sandra:

—Lo siento mucho, Sandra.

Después de un largo silencio, Beth dijo:

—¡Ya sé! ¿Por qué no vamos todas al cine?

—No puedo —dijo Sandra en voz baja—. No tendré dinero suficiente para el cine hasta mi cumpleaños, y eso no ocurrirá hasta dentro de tres semanas.

—¿Por qué no dividimos entre todas el costo de una tercera entrada para el cine? —dijo Melisa—. De esa forma, será igual para todas.

—¿De verdad? —preguntó Sandra mientras se le iluminaban los ojos.

—Será divertido para las tres que vayamos al cine juntas —dijo Beth.

—¡Eres la mejor amiga del mundo! —dijo Sandra, y abrazó a Melisa otra vez.

 126832—180 Days of Reading—Spanish

NOMBRE:_____ **FECHA:**_____

INSTRUCCIONES Lee "Un desastre de película" y luego responde las preguntas.

1. ¿Qué título **no** se adaptaría al texto?

- (A) Pocas entradas
- (B) Malas amigas
- (C) Resolver problemas con amigas
- (D) Tres amigas y una película

2. Un lector más probablemente leería el texto para

- (A) entretenerse.
- (B) que lo persuadan para hacer algo.
- (C) aprender sobre el cine.
- (D) aprender sobre multiplicaciones.

3. ¿Cómo se siente Sandra cuando Beth le dice que Melisa y ella deben elegir una película?

- (A) emocionada
- (B) asustada
- (C) triste
- (D) curiosa

4. ¿Qué es lo más probable que suceda después?

- (A) Sandra no querrá ir al cine.
- (B) Beth se enojará con Sandra.
- (C) Melisa le dirá a Beth que no quiere ir al cine.
- (D) Melisa, Beth y Sandra irán al cine.

5. La experiencia de Melisa se relaciona con la de alguien que

- (A) ganó entradas para un parque de diversiones en una rifa.
- (B) accidentalmente invitó a demasiados amigos al zoológico.
- (C) no puede encontrar amigos con quien sentarse en el almuerzo.
- (D) constantemente les pide dinero prestado a sus amigos.

6. ¿Qué lección aprendió Melisa?

- (A) Casi siempre hay una buena solución para un problema.
- (B) Sandra es demasiado sensible.
- (C) Es difícil tener más de una amiga.
- (D) Ser un buen amigo implica prestarles dinero.

1. (S)(N)

2. (S)(N)

3. (S)(N)

4. (S)(N)

5. (S)(N)

6. (S)(N)

___ / 6

Total

NOMBRE:_____ FECHA:_____

PUNTAJE

___ / 4

INSTRUCCIONES Vuelve a leer "Un desastre de película". Luego, lee la instrucción y responde en las líneas a continuación.

¿Algunas vez has estado en una situación similar a la de Melisa? ¿Cómo resolviste el problema?

_____

_____

_____

_____

_____

_____

_____

_____

_____

_____

_____

_____

_____

_____

_____

NOMBRE:_____ **FECHA:**_____

INSTRUCCIONES   Lee el texto y luego responde las preguntas.

En la actualidad, muchas personas van a la universidad para prepararse para sus carreras. Otros van a escuelas para aprender las habilidades que necesitarán. Sin embargo, no siempre fue de esa manera. Hace muchos años, las personas se convertían en *aprendices* para aprender sus oficios. Trabajaban con un maestro que les enseñaba sus habilidades. Los aprendices aprendían mirando, haciendo pequeñas tareas y practicando por cuenta propia. Cuando estaban listos, se convertían en *oficiales*. Los oficiales tenían todas las habilidades que necesitaban, pero aún no estaban listos para ser maestros. Se convertían en maestros cuando otros maestros consideraban que su trabajo era lo suficientemente bueno.

1. Ⓢ Ⓝ

2. Ⓢ Ⓝ

3. Ⓢ Ⓝ

4. Ⓢ Ⓝ

5. Ⓢ Ⓝ

1. ¿De qué trata el texto?

Ⓐ encontrar la universidad adecuada

Ⓑ cómo las personas aprendían sus oficios

Ⓒ qué hacían los aprendices

Ⓓ qué hacía un oficial

2. ¿Cuál **no** es una forma en la que los aprendices aprendían sus oficios?

Ⓐ haciendo tareas pequeñas y fáciles

Ⓑ practicando por cuenta propia

Ⓒ mirando a un maestro

Ⓓ asistiendo a escuelas especiales

3. ¿Cuál es un sinónimo de *habilidades*?

Ⓐ cosas

Ⓑ maestros

Ⓒ capacidades

Ⓓ todas las opciones anteriores

4. ¿Cuál es un sinónimo de *tareas*?

Ⓐ quehaceres

Ⓑ habilidades

Ⓒ maestros

Ⓓ escuelas

5. ¿Qué palabra describe mejor el tono del texto?

Ⓐ informativo

Ⓑ informal

Ⓒ aburrido

Ⓓ alegre

___ / 5
Total

NOMBRE:_____ FECHA:_____

PUNTAJE

INSTRUCCIONES Lee el texto y luego responde las preguntas.

1. Ⓢ Ⓝ

¿Qué tipo de trabajo quieres hacer cuando seas grande? Hay muchas carreras que puedes elegir. En la actualidad, las personas se convierten en maestros, doctores, conductores de autobús, gerentes o banqueros. Pero hace muchos años, las personas hacían cosas diferentes. Los toneleros hacían barriles de madera para almacenar y enviar cosas. Los orfebres fabricaban candelabros, platos y hasta joyas. Los zapateros hacían zapatos y botas. Los tejedores fabricaban telas. Y los sastres cosían ropa. Hoy, muchos de estos oficios pueden hacerse con máquinas en fábricas, pero aún hay gente que sabe cómo hacer estas tareas a mano.

2. Ⓢ Ⓝ

3. Ⓢ Ⓝ

4. Ⓢ Ⓝ

1. ¿Qué título se adaptaría mejor al texto?

Ⓐ Los oficios de ahora y de antes

5. Ⓢ Ⓝ

Ⓑ Cómo encontrar el trabajo adecuado

Ⓒ La vida de un tonelero

Ⓓ Aprende a ser un sastre

___ / 5
Total

2. ¿Qué hacía un tonelero?

Ⓐ hacía zapatos y botas

Ⓑ hacía barriles de madera

Ⓒ hacía telas

Ⓓ hacía candelabros

3. ¿Qué palabra forma una nueva palabra si se le agrega el prefijo *re–*?

Ⓐ quien

Ⓑ hacer

Ⓒ mucho

Ⓓ autobús

4. ¿Cuál es un sinónimo de *almacenar*?

Ⓐ fabricar

Ⓑ tejer

Ⓒ conducir

Ⓓ guardar

5. *A mano* significa

Ⓐ ayudar a alguien.

Ⓑ aplaudir.

Ⓒ usar solo una mano para hacer algo.

Ⓓ hacer algo sin usar una máquina.

NOMBRE:_____ **FECHA:**_____

INSTRUCCIONES Lee el texto y luego responde las preguntas.

En la actualidad, es fácil imprimir algo. El clic de un botón es suficiente. Pero hace muchos años, las personas usaban prensas para imprimir periódicos, volantes y otros papeles. Las prensas son máquinas que transfieren, o mueven, letras e imágenes a papel o tela. Los bloques con letras o imágenes en ellos se cubrían con tinta y luego se presionaban sobre el papel. Luego, se dejaba secar la tinta. Cuando estaba seca, las personas podían leer lo que estaba impreso. Las primeras prensas funcionaban a mano. Más tarde, las prensas funcionaron con máquinas de vapor. Hoy, imprimir es mucho más fácil. Ahora usamos electricidad y computadoras para imprimir.

1. (S)(N)

2. (S)(N)

3. (S)(N)

1. Al leer rápidamente, ¿qué palabras le dan al lector una idea general sobre el texto?

(A) *imprimir, presionaban, tinta*

(B) *algo, mucho, papel, vapor*

(C) *transfieren, botón, impreso*

(D) *computadoras, electricidad, fácil*

2. ¿Qué oración resume el texto?

(A) la última oración

(B) la segunda oración

(C) la primera oración

(D) la tercera oración

3. La palabra *máquinas* es

(A) sobreesdrújula.

(B) aguda.

(C) grave.

(D) esdrújula.

4. ¿Cuáles palabras son antónimos?

(A) *transferir* y *mover*

(B) *tinta* y *vapor*

(C) *hoy* y *ahora*

(D) *fácil* y *difícil*

5. ¿Cuál es el propósito del autor?

(A) entretener

(B) dar instrucciones

(C) informar

(D) aclarar

4. (S)(N)

5. (S)(N)

___ / 5
Total

NOMBRE:_____ FECHA:_____

BENJAMIN FRANKLIN, IMPRESOR

Benjamin Franklin

Benjamin Franklin es famoso por muchas cosas. Fue un líder estadounidense. Fue inventor y científico. ¿Pero sabías que también fue impresor? Ese fue el primer trabajo de Ben. A Ben siempre le gustaron mucho los libros y la lectura. Es por eso que sus padres pensaron que ser impresor sería un buen trabajo para él.

Cuando Ben tenía doce años, comenzó a trabajar. Fue aprendiz. Trabajó con su hermano mayor, James. James era impresor y Ben aprendió el oficio. Aprendió a usar la prensa. También hizo otras tareas relacionadas con el taller de imprenta. Además, aprendió a trabajar con clientes. Aprendía rápido. James fundó un periódico llamado *The New England Courant*. Ben imprimía las páginas y se encargaba de que la gente comprara el diario. Ben hizo un buen trabajo como impresor. Así que cuando tenía veintidós años, estaba listo para su propio taller de imprenta.

Ben y un amigo se mudaron de Boston a Filadelfia. Ben consiguió empleo como oficial impresor. Después de algunos años, abrió su propio taller. Se hizo cargo de un periódico llamado *The Pennsylvania Gazette*. Pronto se volvió muy popular. Luego, imprimió un almanaque. Los almanaques se imprimen todos los años. Tienen datos sobre el clima, las mareas y otros temas. También tienen buenos consejos y recetas. Franklin llamó a su almanaque el *Almanaque del pobre Richard*. Pronto, se convirtió en el libro más popular en las colonias.

Ben pensaba que los periódicos debían ser para todos. Quería que las personas pudieran obtener nuevas ideas. Quería que las personas recibieran las noticias. Así que incluyó caricaturas e imágenes en su periódico. De esa forma, hasta las personas que no sabían leer igual podían enterarse de lo estaba pasando.

La mayoría de las personas piensan en Benjamin Franklin como un científico e inventor famoso. También lo consideran un líder estadounidense. Fue todas esas cosas. Pero antes que todas ellas, fue impresor.

 126832—180 Days of Reading—Spanish

NOMBRE:_____ **FECHA:**_____

INSTRUCCIONES Lee "Benjamin Franklin, impresor" y luego responde las preguntas.

1. El título le indica al lector que el texto es sobre

Ⓐ la historia de la imprenta.

Ⓑ cómo escribir en letra cursiva.

Ⓒ el trabajo de Benjamin Franklin como impresor.

Ⓓ el manuscrito de Benjamin Franklin.

1. Ⓢ Ⓝ

2. ¿Cuál es el propósito del autor?

Ⓐ entretener

Ⓑ informar

Ⓒ persuadir

Ⓓ No hay propósito.

2. Ⓢ Ⓝ

3. ¿Cómo Ben se aseguró de que todos pudieran entender las noticias?

Ⓐ Incluyó caricaturas e imágenes.

Ⓑ Repartió periódicos.

Ⓒ Incluyó todas las noticias en el *Almanaque del pobre Richard.*

Ⓓ Imprimió muchas palabras.

3. Ⓢ Ⓝ

4. ¿Cuándo se mudó Ben a Filadelfia?

Ⓐ luego de publicar *The Pennsylvania Gazette*

Ⓑ luego de publicar el *Almanaque del pobre Richard*

Ⓒ luego de trabajar como aprendiz para su hermano James

Ⓓ luego de abrir su propio taller de imprenta

4. Ⓢ Ⓝ

5. ¿Cuál describe a Benjamin Franklin?

Ⓐ impresor

Ⓑ líder

Ⓒ científico

Ⓓ todas las opciones anteriores

5. Ⓢ Ⓝ

6. Ⓢ Ⓝ

6. ¿Qué ocurrió primero?

Ⓐ Ben se mudó a Filadelfia.

Ⓑ Ben trabajó con su hermano, James.

Ⓒ Ben publicó el *Almanaque del pobre Richard.*

Ⓓ Ben abrió su propio taller de imprenta.

___ / 6
Total

NOMBRE:_____ **FECHA:**_____

PUNTAJE

___ / 4

INSTRUCCIONES Vuelve a leer "Benjamin Franklin, impresor". Luego, lee la instrucción y responde en las líneas a continuación.

¿Qué te interesa? ¿Qué empleo te gustaría tener algún día? ¿Por qué?

_____

_____

_____

_____

_____

_____

_____

_____

_____

_____

_____

_____

_____

_____

_____

_____

NOMBRE:_____ **FECHA:**_____

INSTRUCCIONES Lee el texto y luego responde las preguntas.

    Cuando Dylan llegó a casa de la escuela, su mamá estaba hablando por teléfono. Dylan la saludó con la mano pero se congeló cuando escuchó lo que su mamá dijo después.

—El próximo jueves suena perfecto. Estaré libre para una entrevista.

"Una entrevista?", pensó Dylan, y preguntó con curiosidad:

—¿Qué está pasando?

—¡Tengo una oportunidad de un empleo para dar las noticias de la noche! —dijo su mamá.

—¿De verdad? ¡Eso es estupendo! ¿En qué canal? —preguntó Dylan.

—No es un canal local. Es en Seattle —dijo su mamá.

Dylan no lo podía creer. ¿Seattle? ¡Tendrían que mudarse!

1. Ⓢ Ⓝ

2. Ⓢ Ⓝ

3. Ⓢ Ⓝ

4. Ⓢ Ⓝ

5. Ⓢ Ⓝ

1. ¿Cuál es el problema?

Ⓐ Dylan no quiere que su mamá consiga un nuevo empleo.

Ⓑ La mamá de Dylan no quiere un nuevo empleo.

Ⓒ Es posible que la familia de Dylan se mude.

Ⓓ La mamá de Dylan habla demasiado fuerte.

2. ¿Dónde está ubicado el canal?

Ⓐ Dylan

Ⓑ Seattle

Ⓒ jueves

Ⓓ local

3. ¿Qué palabra forma una nueva palabra si se le agrega el sufijo –ndo?

Ⓐ después

Ⓑ tendría

Ⓒ entrevista

Ⓓ noticias

4. ¿Qué definición de *libre* se usa en el texto?

Ⓐ vacío

Ⓑ vacante

Ⓒ costoso

Ⓓ disponible

5. ¿Qué definición de *congeló* se usa en el primer párrafo?

Ⓐ se quedó quieto

Ⓑ tuvo frío

Ⓒ se fue

Ⓓ se quitó

___ / 5
Total

NOMBRE:_____ FECHA:_____

PUNTAJE

1. (S)(N)

2. (S)(N)

3. (S)(N)

4. (S)(N)

5. (S)(N)

___ / 5
Total

INSTRUCCIONES   Lee el texto y luego responde las preguntas.

—Parece que hay algunos lugares lindos allí —dijo Dylan al mirar las fotografías que su mamá había tomado durante su viaje a Seattle.

—En verdad es una ciudad estupenda —respondió su mamá—. Está la torre Space Needle y el Acuario de Seattle. Hay muchas cosas para hacer. Es una gran metrópolis.

—¿Cómo es el clima en Seattle? —preguntó Dylan—. Espero que no haga mucho frío.

—La temperatura no es muy fría en invierno ni muy calurosa en verano —dijo su mamá—. Seattle tiene un clima oceánico. Llueve mucho.

—Me gusta la lluvia —dijo Dylan.

1. ¿Qué pregunta ayudaría a los lectores a entender el texto?

(A) ¿Por qué Dylan fue a Seattle con sus mamá?

(B) ¿Por qué el clima de Seattle siempre es caluroso?

(C) ¿Dónde está el océano Pacífico?

(D) ¿Qué cosas se pueden hacer en Seattle?

2. ¿Qué título va mejor con este texto?

(A) Las metrópolis de América

(B) Seattle: Una gran ciudad

(C) El nuevo trabajo de Dylan

(D) El océano Pacífico

3. El lexema –polis en la palabra metrópolis probablemente significa

(A) ciudad.

(B) acuario.

(C) pueblo pequeño.

(D) Seattle.

4. ¿Cuál es un sinónimo de oceánico como aparece en el texto?

(A) militar

(B) costero

(C) isleño

(D) naval

5. ¿Cuál es el propósito del autor?

(A) entretener

(B) informar

(C) persuadir

(D) dar instrucciones

NOMBRE:_____ **FECHA:**_____

INSTRUCCIONES   Lee el texto y luego responde las preguntas.

Dylan y sus padres pasaron mucho tiempo preparándose para mudarse. Se mudaron a Seattle porque la mamá de Dylan consiguió un nuevo empleo allí. Primero, visitaron Seattle para encontrar un nuevo lugar donde vivir. Luego, los padres de Dylan llamaron a diferentes compañías de mudanzas. Querían averiguar cuánto costaría mudarse. Luego, eligieron la compañía de mudanza adecuada. Después, empacaron sus cosas en cajas y bolsas. Esas cosas irían en el camión de mudanza. Empacaron algo de ropa en maletas para llevar con ellos. Finalmente, llegó el día de la mudanza. Los transportistas estuvieron toda la mañana cargando cajas y bolsas en el camión. Más tarde ese día, Dylan y su familia partieron hacia Seattle.

PUNTAJE

1. Ⓢ Ⓝ
2. Ⓢ Ⓝ
3. Ⓢ Ⓝ
4. Ⓢ Ⓝ
5. Ⓢ Ⓝ

___ / 5
Total

1. ¿Qué título ayudaría a un lector a anticipar el texto?

Ⓐ Conducir un camión de mudanza
Ⓑ La maravillosa aventura de Dylan
Ⓒ Comprar maletas
Ⓓ A preparar la mudanza

2. ¿Qué palabras le indican al lector que el texto ocurre en el pasado?

Ⓐ *mudanza* y *poniendo*
Ⓑ *porque* y *tiempo*
Ⓒ *pasaron* y *más tarde*
Ⓓ *visitaron* y *mudaron*

3. ¿Qué palabra forma una nueva palabra si se le agrega el prefijo *re–*?

Ⓐ mover
Ⓑ pasar
Ⓒ cargar
Ⓓ todas las opciones anteriores

4. ¿Desde qué punto de vista está escrito el texto?

Ⓐ primera persona
Ⓑ segunda persona
Ⓒ tercera persona
Ⓓ cuarta persona

5. ¿Qué palabra expresa las emociones de Dylan?

Ⓐ largo
Ⓑ porque
Ⓒ finalmente
Ⓓ ninguna de las opciones anteriores

NOMBRE:_____ FECHA:_____

UN VIAJE EN AUTOBÚS QUE NO ESTUVO TAN MAL

Dylan estaba casi seguro de que detestaría su nueva escuela en Seattle. Había una pista de patinaje buena cerca, lo que lo puso contento. Pero no conocía a nadie, así que tenía la certeza de que la escuela sería horrible. En su primer día, tuvo que obligarse a sí mismo a subir al autobús. Encontró un asiento y se sentó mirando con tristeza por la ventanilla. Ignoró a todos los demás que subieron al autobús. Ya se había convencido a sí mismo de que este sería un día terrible.

—¿Te importa si me siento aquí? —preguntó un niño de la misma edad que Dylan.

—Como quieras —dijo Dylan.

—¿Cómo te llamas? —preguntó el niño.

—Soy Dylan. ¿Cómo te llamas?

—Brad. No te reconozco. ¿Eres nuevo?

—Sí... —dijo Dylan—. Acabamos de mudarnos a Seattle. ¿Practicas algún deporte o algo así?

—No mucho —respondió Brad—. Excepto la patineta.

—¿Practicas patineta? —preguntó Dylan, feliz y sorprendido.

—Sí, me encanta. ¿Practicas patineta? —preguntó Brad.

—Siempre que puedo. Hay una pista de patinaje cerca de mi casa —dijo Dylan. Luego, se le ocurrió una idea. Casi a regañadientes, dijo:

—Tal vez podríamos ir a practicar skateboard alguna vez.

—Sí, eso sería genial —dijo Brad—. Deberíamos.

Justo en ese momento, el autobús se estacionó frente a la escuela. Todos se bajaron y se dirigieron al edificio. Dylan no sabía a dónde ir. Cuando Brad notó que Dylan dudaba, dijo:

—Voy de paso a la oficina de maestros si quieres ir conmigo. Pueden decirte cuáles son tus clases.

—Sí, está bien —dijo Dylan muy agradecido. Tal vez esta escuela no sería tan mala después de todo.

NOMBRE:_____ FECHA:_____

INSTRUCCIONES Lee "Un viaje en autobús que no estuvo tan mal" y luego responde las preguntas.

PUNTAJE

1. ¿Qué te indicaría sobre el texto leer solo la primera oración?

- Ⓐ Dylan piensa que tendrá un mal día en su nueva escuela.
- Ⓑ Dylan piensa que tendrá un buen día en su nueva escuela.
- Ⓒ Dylan piensa que disfrutará de un viaje en autobús.
- Ⓓ Dylan piensa que tendrá un viaje desagradable en autobús.

2. Es probable que un lector lea el texto si quiere

- Ⓐ que lo persuadan para viajar en autobús.
- Ⓑ informarse sobre el transporte público.
- Ⓒ entretenerse con una historia de ficción.
- Ⓓ aprender a conducir un autobús.

3. ¿Por qué Brad se ofrece a mostrarle a Dylan dónde está la oficina de maestros?

- Ⓐ porque Dylan está en problemas
- Ⓑ porque Dylan está enfermo
- Ⓒ porque Dylan es nuevo y no sabe dónde está la oficina
- Ⓓ porque Brad está perdiendo tiempo

4. ¿Cómo se siente Dylan al ir a la escuela en su primer día?

- Ⓐ infeliz
- Ⓑ emocionado
- Ⓒ avergonzado
- Ⓓ culpable

5. ¿Quién se identificaría mejor con el texto?

- Ⓐ un conductor de autobús
- Ⓑ un estudiante nuevo
- Ⓒ un padre
- Ⓓ una maestra

6. ¿Qué título de libro esperarías que compartiera un tema similar con el del texto?

- Ⓐ Buddy el autobús
- Ⓑ Conductores de autobús del mundo
- Ⓒ Mi primer compañero de autobús
- Ⓓ Solo en la escuela

1. Ⓢ Ⓝ

2. Ⓢ Ⓝ

3. Ⓢ Ⓝ

4. Ⓢ Ⓝ

5. Ⓢ Ⓝ

6. Ⓢ Ⓝ

___ / 6

Total

NOMBRE:_____ **FECHA:**_____

PUNTAJE

___ / 4

INSTRUCCIONES

Vuelve a leer "Un viaje en autobús que no estuvo tan mal". Luego, lee la instrucción y responde en las líneas a continuación.

¿Alguna vez has conocido a un nuevo amigo cuando no lo esperabas? ¿Qué ocurrió?

_____

_____

_____

_____

_____

_____

_____

_____

_____

_____

_____

_____

_____

_____

_____

NOMBRE:_____ **FECHA:**_____

INSTRUCCIONES   Lee el texto y luego responde las preguntas.

¿Piensas visitar una hermosa ciudad? Puede que quieras ir a Río de Janeiro. Río es la segunda ciudad más grande de Brasil. Está ubicada en la costa. Río tiene playas hermosas. Las playas son solo un factor que hacen que Río sea popular para los turistas. Un momento muy divertido durante el año en Río es el carnaval. En esta época, hay desfiles enormes. Las personas usan trajes adornados. Hay mucha música durante el carnaval. Otros lugares en el mundo también tienen carnaval. Pero el Carnaval de Río es el más grande del mundo. El fútbol también es popular en Río. ¡La ciudad tiene cuatro equipos de fútbol! Podrías ver un partido de fútbol cualquier día de la semana. Con sus playas, carnaval y deportes, siempre hay algo para hacer en Río.

1. ⓈⓃ
2. ⓈⓃ
3. ⓈⓃ
4. ⓈⓃ
5. ⓈⓃ

___ / 5
Total

1. ¿Qué oración resume el texto?

Ⓐ Río es la segunda ciudad más grande de Brasil.

Ⓑ Podrías ver un partido de fútbol cualquier día de la semana.

Ⓒ Hay mucha música durante el carnaval.

Ⓓ Con sus playas, carnaval y deportes, siempre hay algo para hacer en Río.

2. ¿En qué capítulo de un libro esperarías encontrar esta información?

Ⓐ Capítulo 1: Recorrido por Brasil

Ⓑ Capítulo 2: Carnavales famosos de Canadá

Ⓒ Capítulo 6: El Río Grande

Ⓓ Capítulo 9: De visita por Río de Janeiro

3. ¿Cuál es la raíz en *turista*?

Ⓐ is
Ⓑ urist
Ⓒ tur
Ⓓ rista

4. ¿Cuál es el antónimo de *adornados*?

Ⓐ simples
Ⓑ llamativos
Ⓒ elegantes
Ⓓ púrpura

5. ¿Qué oración **no** debe leerse de forma literal?

Ⓐ la primera oración
Ⓑ la segunda oración
Ⓒ la última oración
Ⓓ Todas deben leerse de forma literal.

NOMBRE:_____ **FECHA:**_____

INSTRUCCIONES   Lee el texto y luego responde las preguntas.

PUNTAJE

1. Ⓢ Ⓝ

2. Ⓢ Ⓝ

3. Ⓢ Ⓝ

4. Ⓢ Ⓝ

5. Ⓢ Ⓝ

___ / 5
Total

La selva tropical amazónica es especial. Es el hogar de la mitad de las especies del mundo. El río Amazonas corre a través de la selva tropical. Finalmente, termina en el océano Atlántico. Muchos animales viven en el río. Otros animales viven en la selva. La Amazonia es una selva tropical. Eso significa que hay temperaturas altas y mucha lluvia. ¡La selva recibe más de cincuenta y nueve pulgadas de lluvia por año! Nos proporciona agua, árboles y oxígeno. Es el hogar de muchos animales. Necesitamos proteger este lugar especial. Si no lo hacemos, podríamos perderlo.

1. ¿Qué palabras ayudarían a un lector a predecir de qué trata el texto?

Ⓐ *selva* y *especies*

Ⓑ *Amazonas* y *río*

Ⓒ *Atlántico* y *proteger*

Ⓓ *animales* y *especial*

2. ¿Cuál describe mejor el clima de la selva tropical amazónica?

Ⓐ seco y frío

Ⓑ húmedo y frío

Ⓒ seco y caluroso

Ⓓ húmedo y caluroso

3. ¿Qué palabra **no** está en plural?

Ⓐ temperaturas

Ⓑ crisis

Ⓒ pulgadas

Ⓓ animales

4. ¿Qué significa la palabra *especies*?

Ⓐ historias

Ⓑ zoológicos

Ⓒ tipos

Ⓓ peces

5. ¿Cuál es el propósito del autor?

Ⓐ entretener

Ⓑ informar

Ⓒ asustar

Ⓓ dar instrucciones

NOMBRE:_____ FECHA:_____

Lee el texto y luego responde las preguntas.

PUNTAJE

¡Gol! Todos se emocionan cuando un equipo de fútbol hace un gol. El fútbol es uno de los deportes más populares del mundo. En otros países, el fútbol no se llama *fútbol*. Se llama *balompié*. Cómo sea que lo llames, el fútbol es un juego apasionante. Para hacer un gol, un equipo de fútbol tiene que patear la pelota para que entre en el arco del otro equipo. Los equipos de fútbol tienen once jugadores. Solo los arqueros tienen permitido tocar la pelota con las manos o brazos. Eso es porque los arqueros tienen que evitar que el otro equipo meta la pelota en su propio arco. Los demás jugadores usan los pies y a veces la cabeza para mover la pelota.

1. (S)(N)

2. (S)(N)

3. (S)(N)

1. ¿Dé que trata principalmente el texto?

(A) como hacer una prueba de fútbol

(B) jugadores famosos de fútbol

(C) el juego del fútbol

(D) la historia del fútbol

4. ¿Cuál es un sinónimo de *apasionante*?

(A) nuevo

(B) aburrido

(C) difícil

(D) emocionante

4. (S)(N)

5. (S)(N)

2. ¿Cuál es otro nombre para fútbol?

(A) kickball

(B) balongol

(C) balompié

(D) emocionante

5. ¿Qué tipo de lenguaje se usa en el texto?

(A) figurativo

(B) literal

(C) ficticio

(D) cómico

___ / 5

Total

3. ¿Qué palabra usa un sufijo que significa "alguien que"?

(A) fútbol

(B) popular

(C) jugador

(D) cabeza

NOMBRE:_____ FECHA:_____

¡BIENVENIDO A BRASIL!

¡Bienvenido a Brasil! Hay muchas cosas para ver y hacer. El río más grande del mundo está aquí. La selva tropical más grande del mundo también está aquí. Hay ciudades grandes y emocionantes. También hay hermosas playas. Además, hay mucho fútbol.

Brasil es un país muy grande. Es el país más grande de América del Sur. El río Amazonas está en el norte. Es el río más grande del mundo. Corre hacia el océano Atlántico. Aporta mucha agua dulce al océano. La selva tropical amazónica también está en el norte. Tiene muchas plantas y animales. La selva tropical le proporciona oxígeno, árboles y agua a la Tierra. También es el hogar de más de la mitad de las especies de plantas y animales del mundo. Es un recurso importante.

Brasil se encuentra al sur del ecuador, así que las estaciones son diferentes allí. Julio es un mes de verano en Estados Unidos, pero es un mes de invierno en Brasil. La parte norte de Brasil tiene un clima tropical, pero la parte sur de Brasil tiene un clima más frío.

Brasil tiene muchas ciudades grandes. Muchas de esas ciudades están en la costa. Tienen playas hermosas. Hay cosas divertidas para hacer. Río de Janeiro es una de esas ciudades grandes. El carnaval es muy popular en Río. Hay desfiles enormes. Hay fiestas colosales. Las personas se visten con trajes adornados. Escuchan música y bailan. La capital de Brasil es Brasilia. También es una ciudad grande. Está cerca del centro del país.

¿Te gusta jugar al fútbol? El fútbol es muy popular en Brasil. Muchas personas en Brasil son buenas para el fútbol. Algunas de ellas se vuelven muy famosas. Muchas otras son fanáticas del fútbol. Les encanta ir a partidos de fútbol. Les gusta ver a sus equipos favoritos en televisión. Si visitas Brasil, ¡tal vez tú también vayas a un partido de fútbol!

126832—180 Days of Reading—Spanish © *Shell Education*

NOMBRE:_____ **FECHA:**_____

INSTRUCCIONES   Lee "¡Bienvenido a Brasil!" y luego responde las preguntas.

PUNTAJE

1. ¿Qué título **no** proporciona información suficiente para hacer una predicción sobre el texto?

- Ⓐ   El río Amazonas
- Ⓑ   La selva tropical amazónica
- Ⓒ   Fútbol: Un deporte del mundo
- Ⓓ   todas las opciones anteriores

2. ¿Qué oración describe mejor el propósito del texto?

- Ⓐ   El texto se escribió para dar instrucciones.
- Ⓑ   El texto se escribió para persuadir.
- Ⓒ   El texto se escribió para entretener.
- Ⓓ   El texto se escribió para informar.

3. ¿En qué continente se encuentra Brasil?

- Ⓐ   Río de Janeiro
- Ⓑ   América del Norte
- Ⓒ   América del Sur
- Ⓓ   Estados Unidos

4. ¿Qué **no** es verdad sobre el carnaval?

- Ⓐ   No es popular.
- Ⓑ   Hay desfiles.
- Ⓒ   Las personas usan trajes.
- Ⓓ   Hay fiestas grandes.

5. Las personas a las que les gusta _____ posiblemente leerían este texto.

- Ⓐ   cocinar
- Ⓑ   las matemáticas
- Ⓒ   la historia
- Ⓓ   viajar

6. ¿Qué **no** es verdad sobre Brasil?

- Ⓐ   La capital es Brasilia.
- Ⓑ   Está en el hemisferio norte.
- Ⓒ   Tiene el río más grande del mundo.
- Ⓓ   Hay muchas playas.

1. Ⓢ Ⓝ

2. Ⓢ Ⓝ

3. Ⓢ Ⓝ

4. Ⓢ Ⓝ

5. Ⓢ Ⓝ

6. Ⓢ Ⓝ

___ / 6
Total

NOMBRE:_____ FECHA:_____

INSTRUCCIONES Vuelve a leer "¡Bienvenido a Brasil!". Luego, lee la instrucción y responde en las líneas a continuación.

¿Alguna vez has viajado a Brasil? ¿Qué viste e hiciste? Si nunca has estado allí, ¿qué te gustaría ver y hacer si fueras?

_____

_____

_____

_____

_____

_____

_____

_____

_____

_____

_____

_____

_____

_____

_____

NOMBRE:_____ **FECHA:**_____

INSTRUCCIONES Lee el texto y luego responde las preguntas.

Carrie y su familia habían terminado de cenar. La mamá de Carrie dijo:

—Carrie, se acerca tu cumpleaños. ¿Cómo te gustaría celebrarlo?

Carrie lo pensó.

—Me gusta ir al zoológico, pero fuimos el año pasado. Prefiero hacer algo diferente esta vez. Podríamos ir a un partido de béisbol. Me encanta el béis.

—¡Creo que esa es una idea genial! —dijo la mamá de Carrie.

—Estoy de acuerdo —dijo su papá—. Reservemos entradas para que podamos conseguir buenos asientos.

1. ⓈⓃ
2. ⓈⓃ
3. ⓈⓃ
4. ⓈⓃ
5. ⓈⓃ

___ / 5
Total

1. ¿Qué oración ayuda mejor al lector a anticipar el texto?

Ⓐ la primera oración
Ⓑ la cuarta oración
Ⓒ la quinta oración
Ⓓ la última oración

2. ¿A dónde quiere ir Carrie para su cumpleaños?

Ⓐ al zoológico
Ⓑ a un partido de béisbol
Ⓒ a cenar afuera
Ⓓ a un partido de básquetbol

3. ¿Qué palabra forma una nueva palabra si se le agrega el sufijo *–ndo*?

Ⓐ celebra
Ⓑ zoológico
Ⓒ idea
Ⓓ pensó

4. ¿Cuál es una palabra compuesta?

Ⓐ reservar
Ⓑ béisbol
Ⓒ algo
Ⓓ cumpleaños

5. ¿Cuál contiene un símil?

Ⓐ ¿Cómo te gustaría celebrarlo?
Ⓑ Me gusta ir al zoológico, pero fuimos allá el año pasado.
Ⓒ Me gusta jugar al béisbol.
Ⓓ ninguna de las opciones anteriores

NOMBRE:_____ FECHA:_____

PUNTAJE

INSTRUCCIONES   Lee el texto y luego responde las preguntas.

1. Ⓢ Ⓝ

2. Ⓢ Ⓝ

Carrie estaba entusiasmada. Ella y su familia irían a un gran partido de béisbol para su cumpleaños. Los padres de Carrie pagaron las entradas. También comprarían refrigerios y bebidas. Pero Carrie quería un souvenir del partido para que la ayudara a recordar el día. Contó su dinero. Su abuela le había enviado veinte dólares. También había ahorrado diez dólares ella misma. Eso sumaba treinta dólares. "Apuesto a que tengo suficiente dinero para algo bonito —pensó Carrie—. Podría comprar una camiseta o un sombrero".

3. Ⓢ Ⓝ

1. ¿De qué trata el texto?

4. ¿Qué palabras tienen significados similares?

4. Ⓢ Ⓝ

Ⓐ   una abuela rica

Ⓑ   una niña a la que le gustan las camisetas

Ⓐ   *comprar* y *dólares*

Ⓑ   *pagar* y *comprar*

5. Ⓢ Ⓝ

Ⓒ   una familia que juega al béisbol

Ⓒ   *ahorrar* y *contar*

Ⓓ   una niña que piensa qué comprarse en un partido de béisbol

Ⓓ   *diez* y *veinte*

___ / 5
Total

2. ¿Qué parte del texto representa la segunda oración?

5. ¿Qué oración muestra que Carrie es responsable?

Ⓐ   punto culminante

Ⓑ   desenlace

Ⓒ   conflicto

Ⓓ   trama

Ⓐ   Carrie estaba entusiasmada.

Ⓑ   Los padres de Carrie pagaron las entradas.

Ⓒ   Pero Carrie quería un souvenir del partido que la ayudara a recordar el día.

Ⓓ   También había ahorrado diez dólares ella misma.

3. ¿Cuál de estas es una palabra compuesta?

Ⓐ   souvenir

Ⓑ   contó

Ⓒ   pasatiempo

Ⓓ   pagaron

NOMBRE:_____ **FECHA:**_____

Lee el texto y luego responde las preguntas.

Era el día antes del cumpleaños de Carrie. Sus padres habían comprado entradas para un partido de béisbol y Carrie no podía esperar. El béisbol era su deporte favorito. Hasta estaba en el equipo de softball de su escuela. En el entrenamiento, le contó al entrenador lo entusiasmada que estaba por ir a un partido de las ligas mayores.

—Lleva una tarjeta de puntuación, así puedes recordar todo —dijo el entrenador.

—Pero nunca he usado una tarjeta de puntuación —dijo Carrie—. No sé cómo hacerlo.

—No es difícil —dijo el entrenador—. Puedo enseñarte si te interesa.

—¡Gracias! —dijo Carrie—. Realmente me gustaría aprender.

El entrenador le mostró a Carrie cómo registrar los puntos en una tarjeta de puntuación. Pronto, Carrie entendió. Estaba lista para el juego.

1. Ⓢ Ⓝ

2. Ⓢ Ⓝ

3. Ⓢ Ⓝ

4. Ⓢ Ⓝ

5. Ⓢ Ⓝ

1. ¿Qué aprende a hacer Carrie?

Ⓐ lanzar una bola
Ⓑ usar una tarjeta de puntuación
Ⓒ atrapar una bola
Ⓓ comprar entradas para un partido

2. ¿Cuál es el escenario?

Ⓐ el autobús
Ⓑ el entrenamiento de softball
Ⓒ la casa de Carrie
Ⓓ el ensayo de coro

3. ¿Qué palabra forma una nueva si se le agrega el prefijo *in–*?

Ⓐ seguro
Ⓑ tener
Ⓒ espera
Ⓓ no

4. ¿Cuál es un sinónimo de *realmente*?

Ⓐ afilado
Ⓑ divertido
Ⓒ grande
Ⓓ de verdad

5. *Carrie no podía esperar* es

Ⓐ una onomatopeya.
Ⓑ un símil.
Ⓒ una hipérbole.
Ⓓ una metáfora.

___ / 5
Total

NOMBRE:_____ FECHA:_____

UN MARAVILLOSO REGALO DE CUMPLEAÑOS

Carrie y su familia iban camino al gran partido de béisbol para celebrar el cumpleaños de Carrie. El tráfico estaba pesado, así que les tomó una hora llegar al estadio. Luego de que su papá estacionara el auto, toda la familia entró al estadio. Mostraron las entradas en la puerta y encontraron sus asientos. La mamá y el papá de Carrie habían conseguido buenos asientos, así que podían ver todo el campo. Cuando se sentaron, Carrie pensó en algo.

—¡Olvidé mi tarjeta de puntuación! ¿Puedo conseguir una ahora?

—Iré contigo —dijo la mamá de Carrie. Justo cuando Carrie y su mamá regresaron a sus asientos, el partido comenzó. Los dos equipos jugaban bien. Ambos equipos pronto anotaron muchos jonrones. Carrie observaba todo y registraba los resultados. Al final de la cuarta entrada, el marcador estaba empatado.

—Este es un buen juego —dijo Carrie—. El marcador está parejo y ambos equipos están jugando muy bien.

—Los partidos como este son emocionantes porque no puedes estar seguro de quién ganará —dijo el papá de Carrie.

El descanso de la séptima entrada llegó. Carrie decidió que era un buen momento para elegir un souvenir. Carrie y su papá fueron a uno de los puestos de camisetas para elegir una para Carrie. Su mamá y Scott, el hermano menor de Carrie, fueron a buscar refrigerios y bebidas. Todos regresaron a sus asientos a tiempo para el resto del partido.

Cuando el juego comenzó otra vez, Carrie no podía quitar los ojos de la acción. Mantuvo un marcador cuidadoso durante el resto del partido. Todos aclamaron con vigor cuando el equipo local anotó la carrera ganadora. ¡Qué gran partido! Mientras Carrie y su familia se iban del estadio, Carrie vio a algunos de los jugadores. Papá también los vio y le susurró algo a mamá. Luego, le pidió a Carrie que le prestara su nueva camiseta. Carrie se preguntó qué estaba pasando, pero le dio su camiseta. Luego, papá se la entregó a los jugadores. De pronto, Carrie comprendió lo que papá pretendía. ¡Estaba haciendo que los jugadores firmaran su camiseta! Cuando papá regresó con la camiseta, Carrie lo abrazó y le dijo: "¡Este es el regalo más maravilloso que he recibido!".

NOMBRE: _____ **FECHA:** _____

INSTRUCCIONES Lee "Un maravilloso regalo de cumpleaños" y luego responde las preguntas.

1. El título indica que el texto ocurre

Ⓐ el 4 de julio.

Ⓑ en el cumpleaños de alguien.

Ⓒ durante el invierno.

Ⓓ en el fin de semana.

2. ¿Desde la perspectiva de quién está escrito el texto?

Ⓐ de la mamá de Carrie

Ⓑ de Carrie

Ⓒ del papá de Carrie

Ⓓ de Scott

3. ¿Cuál es el "maravilloso regalo de cumpleaños" de Carrie?

Ⓐ una tarjeta de puntuación

Ⓑ refrigerios y bebidas

Ⓒ una camiseta autografiada

Ⓓ entradas

4. ¿Qué oración muestra que papá tiene una sorpresa para Carrie?

Ⓐ Papá también los vio y le susurró algo a mamá.

Ⓑ El tráfico estaba pesado, así que les tomó una hora llegar al estadio.

Ⓒ Justo cuando Carrie y su mamá regresaron a sus asientos, el partido comenzó.

Ⓓ Carrie y su papá fueron a uno de los puestos de camisetas para elegir una camiseta para Carrie.

5. La experiencia de Carrie se identifica más con alguien que

Ⓐ pierde un partido de fútbol.

Ⓑ mira programas de televisión en casa.

Ⓒ planea una fiesta para un amigo.

Ⓓ recibe un regalo sorpresa.

6. ¿Qué título de libro esperarías que tuviera un tema similar al del texto?

Ⓐ Veamos el gran partido

Ⓑ El béisbol y su historia

Ⓒ La sorpresa perfecta de cumpleaños

Ⓓ Mi gran día

PUNTAJE

1. Ⓢ Ⓝ

2. Ⓢ Ⓝ

3. Ⓢ Ⓝ

4. Ⓢ Ⓝ

5. Ⓢ Ⓝ

6. Ⓢ Ⓝ

___ / 6
Total

NOMBRE:_____ **FECHA:**_____

PUNTAJE

___ / 4

INSTRUCCIONES
Vuelve a leer "Un maravilloso regalo de cumpleaños".
Luego, lee la instrucción y responde en las líneas
a continuación.

¿Cuál es el mejor regalo de cumpleaños que has recibido o regalado?
¿Qué te gustaría recibir o regalar para un cumpleaños?

_____

_____

_____

_____

_____

_____

_____

_____

_____

_____

_____

_____

_____

_____

_____

NOMBRE:_____ **FECHA:**_____

INSTRUCCIONES Lee el texto y luego responde las preguntas.

¿Cuántos lados tiene una señal de alto? No tienes que contar los lados para averiguarlo. A menudo puedes decir la cantidad de lados que tiene una figura, o forma, solo con saber su nombre. Una señal de alto es un octógono. El prefijo *oct–* significa "ocho", así que la palabra *octógono* te indica que una señal de alto tiene ocho lados. ¿Alguna vez has oído sobre el Pentágono? Es un edificio importante en Washington D. C. El prefijo *penta–* significa "cinco", ¿así que cuántos lados tiene el Pentágono? Si pensaste que son cinco, ¡estás en lo correcto! Sabes que un triciclo tiene tres ruedas. El prefijo *tri–* significa "tres". Así que cualquier figura con ese prefijo tiene tres lados. ¿En qué figura puedes pensar que comience con *tri–* y que tenga tres lados?

1. Ⓢ Ⓝ

2. Ⓢ Ⓝ

3. Ⓢ Ⓝ

4. Ⓢ Ⓝ

1. ¿Cuántos lados tiene un pentágono?

Ⓐ cuatro

Ⓑ seis

Ⓒ cinco

Ⓓ tres

3. ¿Qué prefijo se define en el texto?

Ⓐ *penta–*

Ⓑ *tri–*

Ⓒ *oct–*

Ⓓ todas las opciones anteriores

5. Ⓢ Ⓝ

___ / 5
Total

2. ¿Cuál es la idea principal?

Ⓐ Una señal de alto tiene ocho lados.

Ⓑ Puedes decir la cantidad de lados que tiene una figura solo con saber su nombre.

Ⓒ El Pentágono es un edificio importante.

Ⓓ Las figuras tienen lados.

4. ¿Cuál es un sinónimo de *figura*?

Ⓐ forma

Ⓑ octógono

Ⓒ triciclo

Ⓓ lados

5. ¿Cuál describe mejor el tono?

Ⓐ absurdo

Ⓑ ridículo

Ⓒ deprimente

Ⓓ interesante

NOMBRE:_____ FECHA:_____

PUNTAJE

INSTRUCCIONES   Lee el texto y luego responde las preguntas.

1. Ⓢ Ⓝ

2. Ⓢ Ⓝ

3. Ⓢ Ⓝ

4. Ⓢ Ⓝ

5. Ⓢ Ⓝ

____ / 5
Total

Las partes de una palabra pueden decirte mucho acerca del significado. A menudo puedes suponer lo que significan nuevas palabras si miras sus partes. Por ejemplo, un octógono tiene ocho lados. Puedes saberlo porque *octógono* comienza con el prefijo *oct–*, que significa "ocho." ¿Pero sabías que un octógono también tiene ocho ángulos? Solo mira el sufijo *–gono*. Ese sufijo significa "ángulo." Así que la palabra *octógono* te indica que una figura tiene ocho ángulos. Ahora piensa en la palabra *decágono*. Si sabes que *deca–* significa "diez," y que *–gono* significa "ángulo," puedes suponer que un decágono tiene diez lados y diez ángulos. Los decágonos y los octógonos son polígonos. *Poli–* significa más de uno. Así que un polígono es una figura cerrada con más de un ángulo.

1. ¿Qué título va mejor con este texto?

Ⓐ Todo está en la palabra

Ⓑ Octógonos que vemos todos los días

Ⓒ Cómo dibujar una figura

Ⓓ ¿Qué significa *deca–*?

2. ¿Qué entrada de índice ayudaría a un lector a ubicar esta información?

Ⓐ ocho

Ⓑ ángulos

Ⓒ prefijos y sufijos

Ⓓ octógonos

3. ¿Qué palabra usa el mismo sufijo que *decágono*?

Ⓐ dragón

Ⓑ polígono

Ⓒ acordeón

Ⓓ corazón

4. ¿Qué palabra se define en el texto?

Ⓐ figura

Ⓑ octógono

Ⓒ lados

Ⓓ partes

5. ¿Cuál es el propósito del autor?

Ⓐ entretener

Ⓑ persuadir

Ⓒ informar

Ⓓ dar instrucciones

NOMBRE:_____ FECHA:_____

Lee el texto y luego responde las preguntas.

PUNTAJE

Puede que no lo notes, pero cuando aprendes matemáticas, también aprendes griego. Los antiguos griegos estudiaban matemáticas, y su idioma tenía todo tipo de palabras relacionadas con estas. Por ejemplo, sabes que un triángulo es una figura de tres lados con tres ángulos. El prefijo *tri–* viene de la palabra griega que se usa para *tres*. Una figura de seis lados con seis ángulos se llama *hexágono*. Esa palabra viene de *hexa*, la palabra griega que se usa para *seis*, y de *gono*, que significa *ángulo*. La palabra *tétrada* significa un grupo de cuatro. Esa palabra viene de la palabra griega que se usa para *cuatro*, que es *tetra*. ¡Aprender griego te ayuda a aprender matemáticas, y aprender matemáticas te ayuda a aprender griego!

1. Ⓢ Ⓝ

2. Ⓢ Ⓝ

3. Ⓢ Ⓝ

4. Ⓢ Ⓝ

5. Ⓢ Ⓝ

1. ¿Cuál es la palabra griega para *cuatro*?

Ⓐ gono

Ⓑ tri

Ⓒ hexa

Ⓓ tetra

2. ¿Cuál es la oración temática?

Ⓐ Los antiguos griegos estudiaban matemáticas, y su idioma tenía todo tipo de palabras relacionadas con estas.

Ⓑ Una figura de seis lados con seis ángulos se llama *hexágono*.

Ⓒ ¡Aprender griego te ayuda a aprender matemáticas, y aprender matemáticas te ayuda a aprender griego!

Ⓓ La palabra *tétrada* significa un grupo de cuatro.

3. En la palabra *hexágono*, *–gono* es un

Ⓐ sufijo.

Ⓑ prefijo.

Ⓒ verbo.

Ⓓ sustantivo.

4. Las palabras *hexágono* y *tetrágono* comparten

Ⓐ el prefijo.

Ⓑ el sufijo.

Ⓒ la raíz.

Ⓓ el significado.

5. ¿Cuál es el tono del autor?

Ⓐ informal e informativo

Ⓑ formal y condescendiente

Ⓒ cómico y absurdo

Ⓓ persuasivo y tendencioso

___ / 5
Total

NOMBRE:_____ FECHA:_____

¡LOS POLÍGONOS ESTÁN EN TODAS PARTES!

Ya sabes mucho sobre figuras. Aprendes sobre figuras en la clase de matemáticas. Tal vez has aprendido sobre polígonos. Los *polígonos* son figuras cerradas. Tienen más de un lado. Tienen más de un ángulo. Pero los polígonos no solo están en la clase de matemáticas. Están en muchos lugares. Mira a tu alrededor. Puedes ver polígonos en todas partes.

¿Qué figura es una porción de pizza? La mayoría de las porciones de pizza son triángulos. Los triángulos son polígonos. ¿Qué los hace polígonos? Tienen tres lados y tres ángulos.

Un pentágono es un polígono. Tiene cinco lados y cinco ángulos. Hay un pentágono muy grande en Washington D. C. Este pentágono es un edificio. Tiene cinco lados y cinco ángulos, así que se llama el *Pentágono*. El Pentágono es un lugar muy importante. Los líderes de nuestro ejército y armada trabajan en el Pentágono. Ayudan a mantener seguro nuestro país. Si visitas Washington D. C., tal vez puedas ir al Pentágono. Si lo haces, ¡estarás dentro de un polígono!

Los hexágonos también son polígonos. Los hexágonos tienen seis lados y seis ángulos. ¿Dónde puedes encontrar un hexágono? ¡Solo busca abejas! Cuando las abejas hacen miel, la almacenan en panales. Cada celda de un panal es un hexágono. Si ves un panal, verás un hexágono. También verás un polígono. ¡Pero ten cuidado con las abejas!

¿Cuántos lados tiene un octógono? Un octógono tiene ocho lados. También tiene ocho ángulos. Puedes saberlo porque la palabra comienza con *octo–*. Ese prefijo significa *ocho*. Los octógonos tienen más de un lado. Tienen más de un ángulo. Así que son polígonos. Ves octógonos todo el tiempo. ¿Puedes adivinar dónde? ¡Cada vez que ves una señal de alto! Las señales de alto tienen ocho lados y ocho ángulos. Eso las hace octógonos.

NOMBRE:_____ **FECHA:**_____

INSTRUCCIONES Lee "¡Los polígonos están en todas partes!" y luego responde las preguntas.

PUNTAJE

1. ¿Qué título **no** proporciona información suficiente para hacer una predicción sobre el texto?

Ⓐ Polígonos a mi alrededor

Ⓑ Mi pizza favorita

Ⓒ Polígonos y prefijos

Ⓓ Los polígonos y su significado

2. Es probable que un lector lea este texto para

Ⓐ que lo persuadan para hacer algo.

Ⓑ entretenerse con una historia de ficción.

Ⓒ que le den instrucciones sobre cómo hacer una pizza.

Ⓓ informarse sobre figuras y prefijos cotidianos.

3. ¿Qué polígono **no** se define en el texto?

Ⓐ octógono

Ⓑ hexágono

Ⓒ pentágono

Ⓓ nonágono

4. ¿Qué **no** es verdadero sobre los polígonos?

Ⓐ Son figuras cerradas.

Ⓑ Tienen más de un lado.

Ⓒ Son difíciles de encontrar.

Ⓓ Tienen más de un ángulo.

5. A las personas a las que les gustan _____ probablemente les guste este texto.

Ⓐ la música

Ⓑ el arte

Ⓒ las matemáticas

Ⓓ los deportes

6. ¿Qué enunciado es verdadero?

Ⓐ Un triángulo no es un polígono.

Ⓑ Los panales de abeja son octógonos.

Ⓒ Puedes ver polígonos en muchos lugares.

Ⓓ El Pentágono tienen seis lados y seis ángulos.

1. Ⓢ Ⓝ

2. Ⓢ Ⓝ

3. Ⓢ Ⓝ

4. Ⓢ Ⓝ

5. Ⓢ Ⓝ

6. Ⓢ Ⓝ

___ / 6

Total

NOMBRE:_____ FECHA:_____

PUNTAJE

___ / 4

INSTRUCCIONES

Vuelve a leer "¡Los polígonos están en todas partes!".
Luego, lee las instrucciones y responde en en las
siguientes líneas.

¿Qué polígonos aparecen con mayor frecuencia en la vida diaria?
¿Cómo utilizas estos polígonos?

_____

_____

_____

_____

_____

_____

_____

_____

_____

_____

_____

_____

_____

_____

_____

_____

126832—180 Days of Reading—Spanish

NOMBRE:_____ FECHA:_____

Lee el texto y luego responde las preguntas.

PUNTAJE

Una mañana, Travis bajó las escaleras para desayunar. Sobre la mesa había algunos boletos. Cuando mamá entró a la cocina, Travis le preguntó sobre ellos.

—Esos son boletos de aerolínea —dijo mamá—. Nuestra familia se va de vacaciones.

—¿De verdad? ¿Dónde iremos? —preguntó Travis—. Se estaba emocionando.

—Iremos a visitar a la tía Sondra y al tío Pete —respondió mamá con alegría.

—¡Eso es absolutamente estupendo! —gritó Travis.

La tía Sondra y el tío Pete eran sus parientes favoritos. No los había visto en meses y los extrañaba. También extrañaba a su primo, Javier. Ahora podía comenzar a planear todo tipo de cosas que Javier y él podían hacer juntos.

1. Ⓢ Ⓝ

2. Ⓢ Ⓝ

3. Ⓢ Ⓝ

4. Ⓢ Ⓝ

5. Ⓢ Ⓝ

1. ¿Cómo se siente Travis cuando su mamá le habla sobre las vacaciones?

Ⓐ temeroso
Ⓑ celoso
Ⓒ molesto
Ⓓ feliz

2. ¿Cuál es el escenario?

Ⓐ una cocina
Ⓑ la casa de la tía Sondra
Ⓒ la habitación de Travis
Ⓓ la habitación de Javier

3. ¿Qué palabras comparten el mismo sufijo?

Ⓐ juntos y mamá
Ⓑ gritó y preguntó
Ⓒ respondió y maravilloso
Ⓓ extrañaba y meses

4. ¿Qué palabra es un sinónimo de responder?

Ⓐ pedir
Ⓑ contestar
Ⓒ gritar
Ⓓ preguntar

5. La palabra aerolínea indica que Travis y su familia viajarán en

Ⓐ autobús.
Ⓑ tren.
Ⓒ automóvil.
Ⓓ avión.

___ / 5
Total

NOMBRE:_____ FECHA:_____

PUNTAJE

INSTRUCCIONES Lee el texto y luego responde las preguntas.

1. Ⓢ Ⓝ

> Travis necesitaba una maleta nueva. Él y su familia planeaban unas vacaciones y Travis solo tenía una mochila. La mochila era demasiado pequeña para todo lo que quería llevar. Así que papá llevó a Travis a comprar una maleta.
>
> —Preferiría un morral —dijo Travis—. Los morrales tienen correas. Puedo poner la correa en mi hombro. Luego, puedo llevar el morral en la espalda.
>
> —Excelente idea —dijo papá—. Veremos si tienen uno bueno.
>
> En solo unos minutos, papá y Travis encontraron exactamente el bolso que Travis quería: un morral verde con una correa negra. ¡Ahora Travis podía comenzar a empacar!

2. Ⓢ Ⓝ

3. Ⓢ Ⓝ

4. Ⓢ Ⓝ

1. ¿Por qué Travis quiere un morral?

5. Ⓢ Ⓝ

Ⓐ Su mejor amigo tiene un morral.

Ⓑ Quiere una mochila.

Ⓒ Quiere un bolso con una correa.

Ⓓ Papá dice que los morrales no cuestan mucho.

___ / 5
Total

2. ¿Cuál es el problema de Travis?

Ⓐ Su mochila es demasiado pequeña.

Ⓑ No quiere irse de vacaciones.

Ⓒ Está enojado con papá.

Ⓓ Los morrales son muy costosos.

3. ¿Qué palabra tiene tres sílabas?

Ⓐ excelente

Ⓑ vacaciones

Ⓒ planes

Ⓓ maleta

4. ¿Cuál es una palabra compuesta?

Ⓐ excelente

Ⓑ todo

Ⓒ mochila

Ⓓ aerolínea

5. ¿Qué frase le indica al lector que papá está de acuerdo con Travis?

Ⓐ ¡...podía comenzar a empacar!

Ⓑ excelente idea

Ⓒ Su mochila era demasiado pequeña.

Ⓓ Los morrales tienen correas.

NOMBRE:_____ **FECHA:**_____

INSTRUCCIONES Lee el texto y luego responde las preguntas.

PUNTAJE

Hola Travis:

¡No puedo creer que vayas a estar aquí en solo ocho días! Mamá dice que te quedarás una semana. He pensado en un millón de cosas que podemos hacer mientras estés aquí. Papá dice que viajarás en avión. ¡Eres muy afortunado! Quiero saber todo lo que pase en el vuelo, así que no olvides nada, ¿está bien? Oí que lo pilotos a veces dejan que los niños suban a la cabina del avión donde se sientan los pilotos. Los niños pueden ver los instrumentos que los pilotos utilizan para volar el avión. ¡Tal vez puedas tomarte una fotografía con los pilotos!

Nos vemos antes de que te des cuenta.

Javier

1. Ⓢ Ⓝ

2. Ⓢ Ⓝ

3. Ⓢ Ⓝ

4. Ⓢ Ⓝ

5. Ⓢ Ⓝ

___ / 5
Total

1. Javier quiere que Travis

Ⓐ piense en cosas para hacer.

Ⓑ recuerde todo lo que pase en el vuelo.

Ⓒ se aleje de la cabina de los pilotos.

Ⓓ vaya a un viaje de negocios.

2. ¿Qué título va mejor con este texto?

Ⓐ Ocho días para el verano

Ⓑ Tocar instrumentos

Ⓒ Viajes de negocios

Ⓓ De visita en casa de los primos

3. ¿Cuál es un sinónimo de *instrumentos*?

Ⓐ materiales

Ⓑ tela

Ⓒ artefactos

Ⓓ ninguna de las opciones anteriores

4. ¿Cuál es un antónimo de *afortunado*?

Ⓐ con suerte

Ⓑ desafortunado

Ⓒ privilegiado

Ⓓ feliz

5. *He pensado en un millón de cosas que podemos hacer mientras estés aquí* es un ejemplo de

Ⓐ aliteración.

Ⓑ hipérbole.

Ⓒ símil.

Ⓓ metáfora.

NOMBRE:_____ FECHA:_____

UN VIAJE TRANQUILO

Travis y su familia se iban de vacaciones. Visitarían a la tía Sondra, al tío Pete y al primo Javier durante una semana. Su papá cargó todas las maletas en el automóvil. Después, llegó la hora de irse.

—Papá —preguntó Travis muy ansioso—. ¿Recordaste poner mi morral en el automóvil? No vi que lo hayas cargado.

—No te preocupes, Travis —le dijo su papá—. Todo está cargado, incluido el morral.

Cuando la familia llegó al aeropuerto, bajaron las maletas. Después, encontraron el lugar correcto para registrarse para su vuelo. Luego, llegó el momento de obtener tarjetas de embarque. Las tarjetas les permitían subir al avión. Una vez que todos tuvieron tarjetas de embarque, el paso siguiente fue pasar por el control de seguridad para que todos tuvieran un vuelo seguro. Por último, Travis y su familia se dirigieron a la puerta de embarque: la sala de espera para el avión.

El avión llegó a tiempo. Cuando el piloto y la tripulación estaban listos, todos subieron a bordo y Travis y su familia encontraron sus asientos. Travis miraba todo con mucha atención. Quería recordar todos los detalles, así se los podría describir a Javier. Cuando el avión estaba listo para despegar, Travis y su familia se abrocharon los cinturones de seguridad. Luego, vieron un video de seguridad. De repente, Travis sintió que el avión dio una sacudida y luego comenzó a moverse.

—¡Estamos despegando! —dijo él.

—Así es —dijo mamá—. Pronto estaremos en el aire.

Más tarde, Travis estaba mirando por la ventanilla cuando su mamá lo tocó con el codo. Él se dio vuelta. Un miembro de la tripulación le dijo:

—¿Te gustaría ver la cabina del piloto después de que aterricemos?

—¡Me encantaría! —dijo Travis.

Luego de aterrizar, Travis fue a la cabina de vuelo y conoció a los pilotos mientras los demás pasajeros bajaban del avión. Hasta se tomó una fotografía en el asiento del piloto. "¡Guau! —pensó—. Esperen a que le cuente a Javier sobre esto."

NOMBRE:_____ FECHA:_____

INSTRUCCIONES Lee "Un viaje tranquilo" y luego responde las preguntas.

1. El título le indica al lector que el texto trata de

Ⓐ una mascota familiar con pelaje suave.

Ⓑ dar una vuelta en una montaña rusa.

Ⓒ andar en bicicleta en un sendero.

Ⓓ un placentero viaje en avión.

2. ¿Desde qué punto de vista está escrito el texto?

Ⓐ tercera persona

Ⓑ primera persona

Ⓒ segunda persona

Ⓓ múltiples puntos de vista

3. ¿A quién visitará Travis?

Ⓐ a su mamá

Ⓑ a su tío, tía y primo

Ⓒ a su papá

Ⓓ a su hermano

4. ¿Qué ocurre primero?

Ⓐ Todos pasan por el control de seguridad.

Ⓑ La familia encuentra el lugar correcto para registrarse para el vuelo.

Ⓒ La familia aborda el avión.

Ⓓ Todos obtienen tarjetas de embarque.

5. La experiencia de Travis se identifica más con alguien que

Ⓐ anda en bicicleta por primera vez.

Ⓑ viaja en tren por primera vez para visitar a un pariente.

Ⓒ viaja en avión con frecuencia.

Ⓓ siempre viaja en auto para visitar parientes.

6. ¿Por qué Travis está ansioso al comienzo de la historia?

Ⓐ Teme que papá se haya olvidado de cargar su morral.

Ⓑ No quiere irse de vacaciones.

Ⓒ Tiene miedo de viajar en avión.

Ⓓ Olvidó todo su dinero.

1. Ⓢ Ⓝ

2. Ⓢ Ⓝ

3. Ⓢ Ⓝ

4. Ⓢ Ⓝ

5. Ⓢ Ⓝ

6. Ⓢ Ⓝ

___ / 6

Total

NOMBRE:_____ FECHA:_____

PUNTAJE

___ / 4

INSTRUCCIONES Vuelve a leer "Un viaje tranquilo". Luego, lee la instrucción y responde en las líneas a continuación.

¿Alguna vez has viajado en avión? Si no lo has hecho, ¿qué crees que se siente al viajar en un avión? Escribe sobre tu experiencia con los aviones, o cómo crees que sería viajar en uno.

_____

_____

_____

_____

_____

_____

_____

_____

_____

_____

_____

_____

_____

_____

_____

_____

NOMBRE: _____ **FECHA:** _____

Lee el texto y luego responde las preguntas.

PUNTAJE

Prueba este experimento. Sujeta un lápiz en la mano y luego suéltalo. ¿Qué pasa cuando lo sueltas? El lápiz cae al piso. ¿Por qué sucede? Ocurre porque la *gravedad* comienza a trabajar. La gravedad es una fuerza que hace que los objetos se atraigan entre ellos. Cuando sueltas un lápiz, la gravedad jala el lápiz hacia la Tierra. Todo tiene gravedad. ¿Así que por qué el piso no se mueve hacia el lápiz? Los objetos más grandes y más pesados tienen más gravedad que los objetos más pequeños y livianos. La Tierra es mucho más grande y pesada que el lápiz. Así que la atracción de la Tierra es más fuerte que la del lápiz. El Sol es mucho más grande y pesado que la Tierra. Significa que la gravedad del Sol es mucho más fuerte. Esa es la razón por la que la Tierra orbita el Sol. La gravedad del Sol jala la Tierra hacia él.

1. Ⓢ Ⓝ

2. Ⓢ Ⓝ

3. Ⓢ Ⓝ

4. Ⓢ Ⓝ

5. Ⓢ Ⓝ

___ / 5
Total

1. ¿Leer la primera oración ayudaría al lector a anticipar el texto?

Ⓐ Sí. Introduce el tema.
Ⓑ Sí. Describe lo que pasará.
Ⓒ Sí. Proporciona mucha información.
Ⓓ No. La oración temática está después en el texto.

2. ¿Qué entrada de índice ayudaría a un lector a ubicar esta información?

Ⓐ experimentos
Ⓑ gravedad
Ⓒ Sol, el
Ⓓ Tierra, la

3. ¿Cuál es la sílaba tónica en la palabra *gravedad*?

Ⓐ la tercera sílaba
Ⓑ la segunda sílaba
Ⓒ la primera sílaba
Ⓓ ninguna de las opciones anteriores

4. Un sinónimo de *experimento* es

Ⓐ juego.
Ⓑ prueba.
Ⓒ atuendo.
Ⓓ libro.

5. ¿Cuál es el propósito del autor?

Ⓐ persuadir
Ⓑ entretener
Ⓒ confundir
Ⓓ informar

NOMBRE:_____ FECHA:_____

Lee el texto y luego responde las preguntas.

PUNTAJE

1. Ⓢ Ⓝ

2. Ⓢ Ⓝ

3. Ⓢ Ⓝ

4. Ⓢ Ⓝ

5. Ⓢ Ⓝ

___ / 5
Total

Cuando tienes las manos frías, ¿cuál es la solución al problema? Tal vez te frotes las manos entre sí. Las manos se calientan cuando las frotas entre sí. ¿Por qué sucede? Se debe a la fricción. La *fricción* es una fuerza que ocurre siempre que dos objetos se mueven uno contra el otro. La fricción es necesaria para hacer que los objetos se froten entre sí. La fricción genera energía. Cuando frotas las manos entre sí, esa energía crea el calor que sientes. Los objetos ásperos, como las aceras, tienen más fricción que los objetos lisos, como el hielo. Es por eso que es más fácil caminar sobre una acera que patinar en hielo. Necesitamos la fricción. La fricción te ayuda a caminar y hace que los frenos de la bicicleta funcionen. Esta es una fuerza importante.

1. ¿Qué pregunta ayudaría a los lectores a entender el texto?

Ⓐ ¿Qué causa fricción?

Ⓑ ¿Por qué tengo las manos frías?

Ⓒ ¿Por qué la fricción hace que sea más fácil movernos?

Ⓒ ¿Por qué la fricción no es importante?

2. ¿Qué entrada de índice ayudaría a un lector a ubicar la información de este texto?

Ⓐ manos

Ⓑ energía

Ⓒ frenos

Ⓓ fricción

3. ¿Qué palabra tiene la misma raíz que *crea*?

Ⓐ genera

Ⓑ energía

Ⓒ manos

Ⓓ creación

4. ¿Qué palabras son antónimos?

Ⓐ *frío* y *cálido*

Ⓑ *áspero* y *liso*

Ⓒ *solución* y *problema*

Ⓓ todas las opciones anteriores

5. ¿Qué otro tipo de texto tendría un tono similar?

Ⓐ una revista de construcción

Ⓑ un libro de ciencias

Ⓒ un manual de instrucciones para andar en bicicleta

Ⓓ un libro de historia

 126832—180 Days of Reading—Spanish

NOMBRE: _____ **FECHA:** _____

INSTRUCCIONES   Lee el texto y luego responde las preguntas.

Si pateas una pelota de fútbol, esta se moverá. Pero si no la pateas, se quedará en donde está. ¿Por qué la pelota de fútbol no se mueve? La *inercia* la mantiene en su lugar. La inercia es un tipo de regla sobre los objetos. La inercia nos dice dos cosas:

- Los objetos que no están en movimiento permanecerán inmóviles a menos que algo los mueva.

- Los objetos que están en movimientos seguirán moviéndose a menos que algo los detenga.

¡Inténtalo! Pon un libro en tu escritorio y obsérvalo. El libro no se mueve porque la inercia lo mantiene en su lugar. Ahora recoge el libro y déjalo caer al piso. El libro caerá hasta que el piso lo detenga. ¡Eso también es por la inercia!

1. Ⓢ Ⓝ

2. Ⓢ Ⓝ

3. Ⓢ Ⓝ

4. Ⓢ Ⓝ

5. Ⓢ Ⓝ

___ / 5

Total

1. ¿De qué trata el texto?

Ⓐ jugar al fútbol

Ⓑ inercia

Ⓒ negarse a moverse

Ⓓ libros sobre las estaciones

2. ¿Qué título describe mejor la idea principal?

Ⓐ Seguir las reglas

Ⓑ Las reglas de la inercia

Ⓒ Libros que caen

Ⓓ Observar cómo se mueven los objetos

3. ¿Cuántas sílabas tiene la palabra *inercia*?

Ⓐ una sílaba

Ⓑ dos sílabas

Ⓒ tres sílabas

Ⓓ cuatro sílabas

4. ¿Cuál es un antónimo de *mover*?

Ⓐ impulsar

Ⓑ viajar

Ⓒ permanecer

Ⓓ moverse

5. ¿Cómo sabes que el propósito del autor es informar?

Ⓐ El lenguaje es académico e informativo.

Ⓑ El lenguaje es informal y cómico.

Ⓒ El lenguaje es persuasivo y tendencioso.

Ⓓ El lenguaje es casual y coloquial.

NOMBRE:_____ FECHA:_____

¡EN MOVIMIENTO!

Te mueves todos los días. Cada vez que te sientas, caminas, andas en bicicleta o comes algo, estás en movimiento. Hasta te mueves mientras estás sentado en una silla. ¿Qué hace que te muevas, que sigas moviéndote y que puedas moverte de la forma que quieres?

Una fuerza que te ayuda a moverte es la gravedad. La gravedad hace que los objetos se atraigan entre sí, y así la gravedad te jala a ti hacia la Tierra. ¿Por qué? La Tierra es más grande y más pesada que tú, es por eso que la gravedad de la Tierra te jala hacia ella. ¿Cómo te ayuda eso? Cuando das un paso, la gravedad te jala el pie. Ese jalón te ayuda a apoyar el pie. Luego, puedes mover el otro pie. Cuando te sientas, la gravedad te mantiene en el asiento. ¿Te gusta jugar al béisbol? La gravedad hace que la pelota caiga luego de que la golpeen. Luego, mientras la gravedad atrae la pelota hacia el suelo, puedes atraparla.

La fricción también te ayuda a moverte. La fricción ocurre cuando dos objetos se frotan entre sí. ¿Cómo te ayuda la fricción a moverte? Cuando caminas, la fricción evita que los pies se resbalen. Cuando sostienes un lápiz, la fricción te ayuda a mantenerlo en la mano. Cuando comes, la fricción te ayuda a masticar la comida, y también hace que los frenos de la bicicleta funcionen.

La inercia también te ayuda. La inercia es una especie de regla; te indica dos cosas: las cosas que se mueven permanecerán en movimiento hasta que algo las detenga; y las cosas que están quietas permanecerán así hasta que algo las mueva. ¿Cómo te ayudan estas dos cosas? Cuando andas en bicicleta, esta seguirá andando hasta que la detengas, y cuando te sientas a leer, permanecerás donde estás hasta que estés listo para moverte.

La próxima vez que te muevas, piensa en la gravedad. Piensa en la fricción. Piensa en la inercia. Todas ellas te ayudan a llegar a donde quieres.

NOMBRE:_____ FECHA:_____

INSTRUCCIONES Lee "¡En movimiento!" y luego responde las preguntas.

1. El título y la fotografía le indican al lector que este texto será sobre

Ⓐ mudarse a otra ciudad.

Ⓑ mover el cuerpo.

Ⓒ cómo mover cajas de la mejor manera.

Ⓓ por qué moverse es una mala idea.

2. Es probable que un lector lea este texto para

Ⓐ entretenerse con una historia de ficción.

Ⓑ que lo persuadan para hacer algo.

Ⓒ informarse sobre un tema nuevo.

Ⓓ pasar el tiempo.

3. Cuando das un paso, ¿qué hace que los pies sean atraídos hacia la Tierra?

Ⓐ fricción

Ⓑ gravedad

Ⓒ una bicicleta

Ⓓ sentarse

4. ¿Cuál es la oración temática del segundo párrafo?

Ⓐ Luego, mientras la gravedad jala la pelota hacia el suelo, puedes atraparla.

Ⓑ Una fuerza que te ayuda a moverte es la gravedad.

Ⓒ ¿Te gusta jugar al béisbol?

Ⓓ La tierra es más grande y más pesada que tú, así que la gravedad de la Tierra te jala hacia ella.

5. A las personas a las que les gustan _____ probablemente les guste este texto.

Ⓐ las ciencias

Ⓑ las tecnologías

Ⓒ las matemáticas

Ⓓ los deportes

6. ¿Qué concepto **no** se analiza en este texto?

Ⓐ gravedad

Ⓑ inercia

Ⓒ tensión

Ⓓ fricción

1. Ⓢ Ⓝ

2. Ⓢ Ⓝ

3. Ⓢ Ⓝ

4. Ⓢ Ⓝ

5. Ⓢ Ⓝ

6. Ⓢ Ⓝ

___ / 6

Total

NOMBRE:_____ FECHA:_____

PUNTAJE

___ / 4

INSTRUCCIONES

Vuelve a leer "¡En movimiento!". Luego, lee la instrucción y responde en las líneas a continuación.

Imagina que la gravedad no existiera. ¿Cómo crees que sería caminar sin gravedad?

_____

_____

_____

_____

_____

_____

_____

_____

_____

_____

_____

_____

_____

_____

_____

_____

NOMBRE:_____ **FECHA:**_____

INSTRUCCIONES Lee el texto y luego responde las preguntas.

Donna vio una nota en la cartelera de anuncios mientras salía de la escuela. La nota anunciaba una reunión para unirse a la nueva banda de escolar. Donna escribió cuidadosamente la información. Luego, corrió emocionada para tomar el autobús. Durante la cena, Donna les contó a sus padres sobre la banda.

—¿Puedo unirme? —les suplicó—. Hay una reunión informativa el próximo miércoles. ¿Podemos ir?

—Aprender música requiere tiempo y práctica. ¿Estás dispuesta a hacerlo? —dijo la mamá de Donna.

—Sé que tendré que practicar mucho —dijo Donna—. Por favor, ¿puedo participar?

—Vayamos a la reunión. Luego decidiremos —dijo su papá.

—Eso suena razonable —contestó mamá. Donna sonrió alegremente.

1. Ⓢ Ⓝ

2. Ⓢ Ⓝ

3. Ⓢ Ⓝ

4. Ⓢ Ⓝ

5. Ⓢ Ⓝ

1. ¿Qué quiere hacer Donna?

Ⓐ publicar una nota
Ⓑ tomar el autobús
Ⓒ anunciar una reunión
Ⓓ unirse a la banda escolar

2. ¿Qué título va mejor con este texto?

Ⓐ Unirse a la banda escolar
Ⓑ Recaudar fondos para las artes
Ⓒ La práctica hace al maestro
Ⓓ Las notas de la cartelera de anuncios

3. ¿Cuál es la raíz en *información*?

Ⓐ forma
Ⓑ informa
Ⓒ inf
Ⓓ mación

4. ¿Qué palabra indica las emociones de Donna?

Ⓐ suplicó
Ⓑ emocionada
Ⓒ sonrió
Ⓓ todas las opciones anteriores

5. ¿Qué frase indica que Donna está apurada?

Ⓐ vio una nota en la cartelera de anuncios
Ⓑ corrió emocionada
Ⓒ escribió cuidadosamente la información
Ⓓ requiere tiempo y práctica

___ / 5
Total

NOMBRE:_____ FECHA:_____

PUNTAJE

INSTRUCCIONES   Lee el texto y luego responde las preguntas.

1. Ⓢ Ⓝ

Donna y sus padres fueron a la escuela de Donna. Estaban allí para una reunión. La escuela estaba formando una banda. Muchas personas estaban allí. La Sra. Taylor, la directora de la banda, tomó la palabra.

"Gracias por venir. ¡Estamos muy emocionados con nuestra nueva banda! Estoy feliz de que todos ustedes estén interesados. Si quieren unirse a la banda, primero deben escoger sus instrumentos. Vengan al salón de clases de música después de la escuela el lunes y yo los ayudaré a hacerlo. Luego, necesitan alquilar o comprar su instrumento. Después, deben asistir a las prácticas de la banda todos los lunes, miércoles y jueves. También tendrán que practicar todos los días en casa."

2. Ⓢ Ⓝ

3. Ⓢ Ⓝ

4. Ⓢ Ⓝ

1. ¿Cuál es el segundo paso para unirse a la banda?

4. ¿Cuál es un sinónimo de *escoger*?

5. Ⓢ Ⓝ

Ⓐ alquilar o comprar el instrumento

Ⓐ comprar

Ⓑ escoger un instrumento

Ⓑ seleccionar

Ⓒ practicar todos los días en casa

Ⓒ rentar

Ⓓ ir a las prácticas de la banda

Ⓓ practicar

___ / 5
Total

2. ¿Quién es la directora de la banda?

5. ¿Cuál describe mejor el diálogo?

Ⓐ Donna

Ⓐ informativo

Ⓑ los padres de Donna

Ⓑ coloquial

Ⓒ la Sra. Taylor

Ⓒ cómico

Ⓓ No hay directora de la banda.

Ⓓ serio

3. ¿Qué significa el sufijo –*ra* en la palabra *directora*?

Ⓐ la más

Ⓑ una persona que

Ⓒ semejante a

Ⓓ el estudio de

NOMBRE:_____ **FECHA:**_____

INSTRUCCIONES   Lee el texto y luego responde las preguntas.

Después de clases, Donna fue volando a la sala de música. Quería escoger un instrumento para poder tocar en la banda. Cuando llegó, dijo:

—Hola Sra. Taylor. Estoy aquí para elegir un instrumento.

—Estoy muy contenta de que te interese la banda, Donna —dijo la Sra. Taylor—. ¿Hay algún instrumento en particular que te interese? ¿La flauta? ¿El violín?

—He oído que el clarinete es fácil de aprender y me gusta la forma en la que suena —respondió Donna—. Me quedo con ese.

—Bueno, el clarinete no es muy difícil de aprender, pero requiere práctica diaria para aprender a tocarlo —dijo la Sra. Taylor—. Tendrás que practicar. Nuestra primera práctica será dentro de una semana a partir de hoy.

1. Ⓢ Ⓝ

2. Ⓢ Ⓝ

3. Ⓢ Ⓝ

4. Ⓢ Ⓝ

5. Ⓢ Ⓝ

1. ¿Qué oración brinda una vista previa precisa del texto?

Ⓐ la primera oración

Ⓑ la segunda oración

Ⓒ la tercera oración

Ⓓ la cuarta oración

2. ¿Cuál es el escenario?

Ⓐ el patio de juegos

Ⓑ el salón de clases de música

Ⓒ la cafetería

Ⓓ la casa de Donna

3. ¿Cuáles comparten el mismo sufijo?

Ⓐ *respondió* y *terminó*

Ⓑ *quería* e *instrumento*

Ⓒ *respondió* y *muy*

Ⓓ *instrumento* y *trompeta*

4. Un sinónimo de *difícil* es

Ⓐ fácil.

Ⓑ simple.

Ⓒ sencillo.

Ⓓ desafiante.

5. *Donna fue volando a la sala de música* es un ejemplo de

Ⓐ lenguaje literal.

Ⓑ lenguaje figurativo.

Ⓒ lenguaje formal.

Ⓓ lenguaje confuso.

___ / 5
Total

NOMBRE:_____ FECHA:_____

HACER MÚSICA

Era el primer día de práctica de la banda de Donna. Su papá y su mamá le habían conseguido un clarinete y un libro de música. También le dieron un atril. Donna había intentado tocar al clarinete, pero su música no sonaba demasiado bien. Sin embargo, su papá la tranquilizó. Dijo que nadie suena demasiado bien cuando comienza a tocar un instrumento. Mamá dijo que si Donna practicaba todos los días, aprendería a tocar bien.

Donna se apresuró al salón de clases de música tan pronto como terminó la escuela. No era la única. Había alrededor de veinte niños allí, cada uno con un instrumento. Hasta había dos niños más con clarinetes. La Sra. Taylor, la directora de la banda, les pidió a todos que se sentaran. Cuando todos los estudiantes se sentaron, la Sra. Taylor repartió libros de música. Todos tomaron uno. Luego, les preguntó si alguno había intentado tocar su instrumento. Donna y algunos otros estudiantes levantaron la mano.

—Estoy contenta de que hayan comenzado a practicar porque la práctica diaria es muy importante —dijo la Sra. Taylor—. Pero también es importante divertirse. Así que no practiquen demasiados de una sola vez. Ahora comencemos.

La Sra. Taylor les enseñó a todos las notas que necesitaban saber. También les enseñó algunas canciones y les pidió que practicaran esas canciones en casa. Luego, preguntó si alguien tenía alguna pregunta.

—Tengo una pregunta —dijo Donna—. Intenté tocar el clarinete al principio de la semana y la música no sonaba nada bien. ¿Qué estoy haciendo mal?

—Probablemente nada —respondió la Sra. Taylor—. A todos les toma algo de tiempo tocar bien. Practica tus notas y estas canciones todos los días. Apuesto a que sonarás mejor en muy poco tiempo.

Donna no estaba segura de que alguna vez pudiera sonar bien. Pero decidió por lo menos intentar. Para su sorpresa, luego de algunas semanas, estaba tocando mejor. Pronto, podría tocar canciones que nunca pensó que podía tocar. "Realmente me gusta el clarinete —decidió Donna—. Tal vez hasta sea música en el futuro."

126832—180 Days of Reading—Spanish   © *Shell Education*

NOMBRE:_____ **FECHA:**_____

INSTRUCCIONES   Lee "Hacer música" y luego responde las preguntas.

1. ¿Qué título alternativo se adaptaría a este texto?

(A) Unirse a la banda escolar

(B) Elección de un instrumento

(C) Volar hacia la música

(D) Práctica con la banda

2. Un propósito de leer esto es

(A) entretenerse.

(B) que lo persuadan para hacer algo.

(C) informarse sobre un tema nuevo.

(D) pasar el tiempo.

3. ¿Qué palabra describe a la Sra. Taylor?

(A) malvada

(B) feliz

(C) alentadora

(D) ruda

4. Mamá y papá probablemente piensen que es una _____ idea que Donna aprenda el clarinete.

(A) peligrosa

(B) buena

(C) terrible

(D) aterradora

5. ¿Qué dicho se adapta mejor al texto?

(A) No todo lo que brilla es oro.

(B) Una imagen vale más que mil palabras.

(C) Centavo ahorrado, centavo ganado.

(D) La práctica hace al maestro.

6. ¿Por qué está preocupada Donna?

(A) Piensa que nunca podrá tocar bien.

(B) No puede encontrar su clarinete.

(C) Piensa que no le agrada a la Sra. Taylor.

(D) Piensa que sus padres están enojados con ella.

1. (S)(N)

2. (S)(N)

3. (S)(N)

4. (S)(N)

5. (S)(N)

6. (S)(N)

___ / 6

Total

NOMBRE:_____ FECHA:_____

PUNTAJE

___ / 4

INSTRUCCIONES Vuelve a leer "Hacer música". Luego, lee la instrucción y responde en las líneas a continuación.

¿Tocas un instrumento musical? ¿Qué instrumento tocas? Si no tocas un instrumento musical, ¿qué instrumento te gustaría tocar?

_____

_____

_____

_____

_____

_____

_____

_____

_____

_____

_____

_____

_____

_____

_____

_____

NOMBRE:_____ **FECHA:**_____

Lee el texto y luego responde las preguntas.

PUNTAJE

¿Qué te gusta comer al almuerzo? Si dijiste "un sándwich", no estás solo. Millones de personas comen sándwiches todos los días. El sándwich ha sido popular desde la antigüedad, pero obtuvo su nombre en el año 1762. John Montagu era un noble. No era rey ni príncipe, pero era un gobernante y un líder. Su título era conde de Sandwich; sí, ¡Sandwich es un lugar real en Inglaterra! Una noche, estaba jugando un juego de cartas. Estaba tan interesado en su juego que no quería dejar de jugar cartas aunque tenía hambre. Entonces, ordenó comida que pudiera comer mientras estaba jugando. Pidió dos tajadas de carne vacuna entre dos trozos de pan. Hoy, usamos la palabra *sándwich* para describir esta comida.

1. (S) (N)

2. (S) (N)

3. (S) (N)

4. (S) (N)

5. (S) (N)

___ / 5
Total

1. ¿Cuál es la idea principal?

(A) la vida de John Montagu
(B) cómo obtuvo su nombre el sándwich
(C) historia antigua
(D) filete

2. ¿Qué oración **no** es verdadera?

(A) El sándwich es un nuevo invento.
(B) El sándwich es muy popular.
(C) El sándwich obtuvo su nombre de John Montagu, conde de Sandwich.
(D) Millones de personas comen sándwiches todos los días.

3. ¿Qué sílaba está acentuada en *príncipe*?

(A) la primera sílaba
(B) la segunda sílaba
(C) la tercera sílaba
(D) ninguna de las opciones anteriores

4. ¿Cuál es la definición de *gobernante*?

(A) un niño
(B) una regla
(C) un hombre
(D) una persona que está a cargo

5. ¿Cuál describe mejor el tono?

(A) atrapante
(B) informal
(C) tenebroso
(D) gracioso

NOMBRE:_____ FECHA:_____

INSTRUCCIONES   Lee el texto y luego responde las preguntas.

1. Ⓢ Ⓝ

2. Ⓢ Ⓝ

Hay muchos tipos distintos de sándwiches. Asimismo, hay muchos tipos diferentes de pan. Hay muchos sándwiches sabrosos. Un tipo delicioso de pan es el *pita*. El pita es un pan redondo y plano. Es del Medio Oriente. Pero es muy popular en todo el mundo. El pita tiene un centro hueco. Cuando cortas un pita por la mitad, puedes rellenarlo. Por ello, el pita a veces se llama *pan con bolsillo*. Otro tipo de pan viene de Francia. Se llama *baguette*. Las baguettes son barras de pan largas y finas. Son crujientes por fuera y blandas por dentro. Las baguettes son excelentes para bocadillos y otros sándwiches largos. También hay muchos otros tipos de pan. ¿Cuál prefieres?

3. Ⓢ Ⓝ

4. Ⓢ Ⓝ

1. ¿Por qué a veces se llama al pan pita *pan con bolsillo*?

5. Ⓢ Ⓝ

Ⓐ Es del Medio Oriente.

Ⓑ Es crujiente por fuera.

Ⓒ Tiene un centro hueco.

Ⓓ Es plano.

___ / 5
Total

2. ¿Qué oración **no** es verdadera?

Ⓐ Las baguettes son un pan muy bueno para bocadillos.

Ⓑ El pita viene de Francia.

Ⓒ Las baguettes son largas y finas.

Ⓓ Un pan pita es redondo.

3. ¿Cuál es un sinónimo de *crujiente*?

Ⓐ blando

Ⓑ duro

Ⓒ asimismo

Ⓓ crocante

4. ¿Qué palabras son sinónimos?

Ⓐ *sabroso* y *delicioso*

Ⓑ *hueco* y *crujiente*

Ⓒ *popular* y *fino*

Ⓓ *bolsillo* y *centro*

5. ¿Cuál es el tono del texto?

Ⓐ informativo

Ⓑ cómico

Ⓒ dogmático

Ⓓ incierto

     126832—180 Days of Reading—Spanish

NOMBRE:_____ **FECHA:**_____

INSTRUCCIONES   Lee el texto y luego responde las preguntas.

¿Cuál es tu sándwich favorito? ¿Es de mantequilla de maní y jalea? ¿Es de queso asado? Quizás prefieras los sándwiches de pavo. Los sándwiches son populares en todo el mundo. Muchos sándwiches sabrosos vienen de diferentes países. Un *gyro* es un sándwich griego. Está hecho de pan pita. El pita se rellena de carne vacuna, de cordero o de pollo. También tiene lechuga, cebolla y tomate. Algunas personas también ponen salsa en sus gyros. Una *torta* es un sándwich mexicano. Las tortas se hacen con panecillos blancos crujientes. Los panecillos se rellenan con carne o pescado. También pueden tener lechuga, frijoles, tomate, queso y aguacate. A muchas personas les gusta poner salsa en sus tortas.

1. ¿Qué título va mejor con este texto?

(A) ¡Hagamos un gyro!
(B) La historia de México
(C) Panes de todas partes
(D) Sándwiches de todo el mundo

2. *Muchos sándwiches sabrosos vienen de diferentes países,* ¿es qué parte del texto?

(A) el título
(B) la oración temática
(C) el escenario
(D) el tono

3. ¿Cuál es un sinónimo de *populares*?

(A) asados
(B) rellenos
(C) conocidos
(D) diferentes

4. ¿Cuál es un antónimo de *crujiente*?

(A) blando
(B) tostado
(C) largo
(D) agrio

5. ¿Cuál describe mejor el tono?

(A) emocionado
(B) informativo
(C) indiferente
(D) defensivo

1. (S)(N)
2. (S)(N)
3. (S)(N)
4. (S)(N)
5. (S)(N)

___ / 5
Total

NOMBRE:_____ FECHA:_____

¡HAZ TU PROPIO SÁNDWICH DELICIOSO!

Los sándwiches son buenas comidas para el almuerzo y son fáciles de hacer. Pueden ser buenos para ti, también. Puedes hacer un sándwich suculento y delicioso. Aquí tienes dos recetas. ¡Ambas son saludables y sabrosas! Antes de comenzar, asegúrate que un adulto esté contigo y lávate las manos.

Pita vegetariano

Necesitarás:

- 1 pita
- 1 loncha de queso
- $\frac{1}{2}$ taza de lechuga
- 1 tomate
- 1 zanahoria
- falafel *(opcional)*
- yogur natural *(opcional)*

Corta el pita por la mitad. Corta la zanahoria y el tomate en partes pequeñas. Abre una mitad del pita. Rellénalo con queso, lechuga, tomate y zanahoria. Agrega falafel y yogur, si lo deseas. ¡Disfruta de tu creación!

Baguette de pavo

Necesitarás:

- 1 baguette
- 1 hoja de lechuga
- 2 rodajas de tomate
- 1 rodaja de cebolla
- 2 rodajas de pavo
- mayonesa o mostaza

Corta la baguette por la mitad. Esparce la mayonesa o mostaza por dentro. Coloca el pavo en la baguette. Luego, agrega la cebolla y el tomate. Luego, agrega la lechuga y cierra la baguette. Disfruta de tu sándwich o compártelo con un amigo; ¡es tu decisión!

NOMBRE:_____ **FECHA:**_____

INSTRUCCIONES Lee "¡Haz tu propio sándwich delicioso!" y luego responde las preguntas.

1. ¿Qué necesitas tanto para el pita vegetariano como para la baguette de pavo?

- A queso
- B pavo
- C mayonesa
- D tomate

2. El propósito es

- A hacer que compres algo.
- B contar una historia personal.
- C decirte cómo hacer algo.
- D pedirte algo.

3. ¿Por qué una persona haría su propio sándwich?

- A Los sándwiches son fáciles de hacer.
- B Los sándwiches son saludables.
- C Los sándwiches tienen buen sabor.
- D todas las opciones anteriores

4. ¿Cuál es el último paso para hacer una baguette de pavo?

- A cerrar la baguette
- B cortar la baguette por la mitad
- C agregar la cebolla
- D colocar el pavo en la baguette

5. Alguien que frecuentemente _____ comprendería mejor el texto.

- A lee
- B cocina
- C escribe
- D instruye

6. ¿De qué trata el texto?

- A la historia del pan pita
- B la historia de las baguettes
- C cómo comer más sano
- D cómo hacer sándwiches de baguette y pita

1. S N
2. S N
3. S N
4. S N
5. S N
6. S N

___ / 6
Total

NOMBRE:_____ FECHA:_____

INSTRUCCIONES Vuelve a leer "¡Haz tu propio sándwich delicioso!". Luego, lee la instrucción y responde en las líneas a continuación.

¿Qué sándwiches te gustaría comer? Escribe sobre tus sándwiches favoritos.

_____

_____

_____

_____

_____

_____

_____

_____

_____

_____

_____

_____

_____

_____

_____

_____

NOMBRE:_____ **FECHA:**_____

INSTRUCCIONES Lee el texto y luego responde las preguntas.

Era el segundo examen de ciencia en el que le había ido mal a Mike. Estaba preocupado, así que decidió pedir ayuda a su maestra de ciencias, la Sra. Drake.

—No sé qué estoy haciendo mal —le dijo—. Me siento como un gran fracaso.

—No eres un fracaso, Mike —respondió la Sra. Drake—. Eres disciplinado e inteligente. A veces, las personas olvidan las cosas cuando están nerviosas y los exámenes pueden poner nerviosas a las personas. ¿Es eso lo que te ocurre?

—Tal vez —respondió Mike—. Las pruebas realmente me ponen nervioso.

—Entonces, analicemos formas de hacer que te sientas tranquilo. Tal vez eso ayude.

—¡Fabuloso! —dijo Mike—. Tal vez si me siento más relajado tenga calificaciones más altas.

1. S N

2. S N

3. S N

4. S N

5. S N

1. ¿Qué palabras brindan una vista previa precisa del texto?

- A examen, preocupado, relajado
- B maestra, ciencia, calificación
- C ayuda, fracaso, nervioso
- D a veces, inteligente, mal

2. ¿Cuál es el escenario?

- A la casa de Mike
- B la casa de la Sra. Drake
- C un salón de clases
- D la biblioteca

3. ¿Qué palabras comparten un sufijo?

- A preocupado y disciplinado
- B alto y tranquilo
- C hacer y poner
- D Cada par de palabras comparte un sufijo.

4. ¿Cuál es un sinónimo de examen?

- A prueba
- B estudio
- C falla
- D mal

5. ¿Qué frase muestra que Mike está contento con la sugerencia de la Sra. Drake?

- A Las pruebas realmente me ponen nervioso.
- B Me siento como un gran fracaso.
- C No eres un fracaso.
- D ¡Fabuloso!

___ / 5
Total

NOMBRE:_____ FECHA:_____

PUNTAJE

INSTRUCCIONES Lee el texto y luego responde las preguntas.

1. Ⓢ Ⓝ

2. Ⓢ Ⓝ

3. Ⓢ Ⓝ

4. Ⓢ Ⓝ

5. Ⓢ Ⓝ

___ / 5
Total

La clase de Mike se estaba preparando para un examen sobre los planetas. Al principio, Mike estaba preocupado de que no le fuera bien porque los exámenes generalmente lo ponen nervioso. Pero su maestra de ciencias, la Sra. Drake, le había enseñado varias formas de relajarse. Le enseñó a respirar profundamente. Le dijo que leyera el examen antes de comenzar a hacerlo. De esa manera, sabría qué esperar. También le enseñó a leer cada instrucción cuidadosamente. De esa manera, él entendería qué decía cada pregunta. El consejo de la Sra. Drake realmente sirvió. Primero, respiró hondo. Luego, leyó el examen. Todas estas preguntas eran sobre los planetas y él había estudiado sobre los ocho. Finalmente, Mike leyó cuidadosamente las instrucciones. Esta vez, Mike no iba a tener ningún problema de hacer un buen trabajo en un examen de ciencias.

1. ¿Qué título ayudaría a que un lector tenga una vista previa del texto?

Ⓐ Pruebas difíciles
Ⓑ Consejo sobre pruebas que funciona
Ⓒ El sistema solar
Ⓓ Técnicas de respiración profunda

2. ¿Cuál es el problema principal?

Ⓐ Mike olvidó estudiar para su examen.
Ⓑ Mike se pone nervioso cuando toma sus exámenes.
Ⓒ A Mike no le agrada la Sra. Drake.
Ⓓ A la Sra. Drake no le agrada Mike.

3. ¿Qué palabra **no** tiene la misma raíz que *respiración*?

Ⓐ respirar
Ⓑ respirador
Ⓒ respirarando
Ⓓ repisa

4. Un sinónimo de *cuidadosamente* es

Ⓐ rápidamente.
Ⓑ atentamente.
Ⓒ lentamente.
Ⓓ indiferentemente.

5. *Primero, luego* y *finalmente* indican

Ⓐ el orden de los eventos.
Ⓑ la importancia de los eventos.
Ⓒ la relevancia de los eventos.
Ⓓ el significado de los eventos.

 126832—180 Days of Reading—Spanish

NOMBRE:_____ FECHA:_____

INSTRUCCIONES   Lee el texto y luego responde las preguntas.

La Sra. Drake dijo a su clase de ciencias:

—Estoy muy feliz de que a todos les haya ido tan bien en sus exámenes. Voy a entregárselos para que los vean ustedes mismos.

Cuando Mike recibió su examen no podía creerlo. ¡Obtuvo una B más! Había trabajado mucho para este examen y estaba entusiasmado de que le hubiera ido tan bien. Estaba aún más entusiasmado cuando escuchó lo que dijo la Sra. Drake a continuación.

—Ya que hemos estudiado los planetas, pensé que posiblemente les gustaría ir de excursión al planetario la próxima semana. El planetario tiene una sala especial donde verán cómo lucen las estrellas y los planetas.

1. Ⓢ Ⓝ

2. Ⓢ Ⓝ

3. Ⓢ Ⓝ

4. Ⓢ Ⓝ

5. Ⓢ Ⓝ

1. ¿Por qué está entusiasmado Mike?

Ⓐ La Sra. Drake está feliz.

Ⓑ Vio un avión.

Ⓒ Tuvo una buena calificación en su examen.

Ⓓ Va a un partido de fútbol.

2. ¿Cuál es el escenario?

Ⓐ el planetario

Ⓑ el salón de clases de la Sra. Drake

Ⓒ la casa de Mike

Ⓓ el autobús escolar

3. ¿Cuál es el sufijo en la palabra *planetario*?

Ⓐ –tar

Ⓑ planeta–

Ⓒ –ario

Ⓓ –net–

4. ¿Cuál está definido en el contexto del pasaje?

Ⓐ *planetas*

Ⓑ *estrellas*

Ⓒ *planetario*

Ⓓ *campo*

5. *Cuando Mike recibió su examen, no podía creerlo* es un ejemplo de

Ⓐ una metáfora.

Ⓑ un símil.

Ⓒ aliteración.

Ⓓ hipérbole.

___ / 5
Total

NOMBRE:_____ FECHA:_____

UN PASEO PARA VER LOS PLANETAS

Mike y su clase de ciencias estaban realizando una excursión al planetario. Iban a ver cómo lucían los planetas y las estrellas. Mike no sabía cómo podían hacerlo, pero quería averiguar.

Todos los estudiantes dieron sus formularios de permiso a la maestra, la Sra. Drake. Luego, subieron a un autobús y fueron al planetario. Cuando llegaron allí, bajaron del autobús y entraron. La Sra. Drake les presentó a la Sra. Larson. "La Sra. Larson es la directora del planetario. Será nuestra guía".

La Sra. Larson guió a los estudiantes hacia una gran habitación llena de sillas. Invitó a todos a sentarse. "Miren el techo", dijo.

Todos miraron hacia arriba, pero todo lo que los niños veían era una gran cúpula blanca. Definitivamente no era muy interesante.

"Ahora, miren lo que ocurre", dijo la Sra. Larson.

Luego, oprimió algunos botones. De repente las luces se apagaron y la cúpula comenzó a lucir como un cielo nocturno. Mike y sus compañeros de clase vieron la Luna y varias estrellas.

"Esta sala tiene un techo especial que me permite enseñarles cómo luce el cielo en diferentes lugares de la Tierra y en diferentes momentos del año —explicó la Sra. Larson—. También me permite mostrarles imágenes de los planetas". Todos estaban fascinados mientras la Sra. Larson mostraba a la clase imágenes de Venus, Saturno, Júpiter y los otros planetas. También les mostró diferentes grupos de estrellas.

Para cuando la Sra. Larson había terminado, los estudiantes habían visto todos los planetas que habían estudiado en clase. Mike pensó que era tan interesante que comenzó a preguntarse si disfrutaría ser científico. "Si esto es lo que investigan los científicos, podría verme como uno", pensó.

NOMBRE:_____ **FECHA:**_____

Lee "Un viaje para ver los planetas" y luego responde las preguntas.

1. El título ayuda al lector a predecir que el texto

- (A) tratará sobre una excursión hacia el espacio.
- (B) tratará sobre una excursión a un planetario.
- (C) tratará sobre una excursión a un zoológico.
- (D) tratará sobre una excursión a Marte.

2. ¿Desde qué punto de vista está escrito el texto?

- (A) tercera persona
- (B) primera persona
- (C) segunda persona
- (D) múltiples puntos de vista

3. ¿Cuál **no** es verdadero sobre un planetario?

- (A) Es un edificio.
- (B) Muestra imágenes solo de Venus, Saturno y Júpiter.
- (C) Tiene un techo especial.
- (D) Exhibe el cielo nocturno.

4. ¿Quién es el personaje principal?

- (A) la mamá de Mike
- (B) la Sra. Larson
- (C) la Sra. Drake
- (D) Mike

5. A las personas que les gusta _____ probablemente les gusta el texto.

- (A) el arte
- (B) las matemáticas
- (C) cocinar
- (D) la ciencia

6. ¿Qué aprende Mike sobre sí mismo?

- (A) Le interesa ser científico.
- (B) No quiere ser científico.
- (C) No le gustan los planetarios.
- (D) Teme aprender sobre los planetas.

1. Ⓢ Ⓝ

2. Ⓢ Ⓝ

3. Ⓢ Ⓝ

4. Ⓢ Ⓝ

5. Ⓢ Ⓝ

6. Ⓢ Ⓝ

___ / 6

Total

NOMBRE:_____ **FECHA:**_____

PUNTAJE

___ / 4

INSTRUCCIONES

Vuelve a leer "Un viaje para ver los planetas". Luego, lee la instrucción y responde en las líneas a continuación.

¿Has estado en un planetario? ¿Qué te pareció? Si no es así, ¿cómo crees que sería?

_____

_____

_____

_____

_____

_____

_____

_____

_____

_____

_____

_____

_____

_____

_____

_____

NOMBRE:_____ FECHA:_____

INSTRUCCIONES Lee el texto y luego responde las preguntas.

¿Sabes quién hace las leyes de nuestro país? Algunas de las personas que hacen las leyes son los senadores. Cada estado elige dos senadores. Los estados grandes eligen dos senadores. Al igual que los estados pequeños. Los senadores trabajan durante seis años. Trabajan para hacer las leyes que ayudan a las personas de sus estados. Trabajan en Washington D. C. También trabajan en sus estados locales. Para ser senador, una persona debe tener al menos treinta años de edad. Un senador también debe ser ciudadano de los Estados Unidos durante al menos nueve años. Los senadores también deben ser residentes de sus estados. Eso significa que deben vivir en los estados que representan. ¿Conoces los nombres de los senadores de tu estado?

1. Ⓢ Ⓝ

2. Ⓢ Ⓝ

3. Ⓢ Ⓝ

4. Ⓢ Ⓝ

5. Ⓢ Ⓝ

1. Los senadores deben

Ⓐ elegir senadores nuevos.
Ⓑ tener al menos veinte años de edad.
Ⓒ hacer veinte leyes cada año.
Ⓓ ser residentes de su estado.

2. ¿Cuántos senadores elige cada estado?

Ⓐ seis
Ⓑ tres
Ⓒ dos
Ⓓ cinco

3. El sufijo –dor te dice que un senador es

Ⓐ alguien que hace algo.
Ⓑ un lugar.
Ⓒ un rey.
Ⓓ una manera de hacer algo.

4. ¿Qué palabra está definida en el contexto del texto?

Ⓐ estado
Ⓑ residentes
Ⓒ leyes
Ⓓ ciudadanos

5. ¿Qué palabra describe mejor el tono?

Ⓐ coloquial
Ⓑ afligido
Ⓒ cómico
Ⓓ enojado

___ / 5
Total

NOMBRE:_____ FECHA:_____

INSTRUCCIONES Lee el texto y luego responde las preguntas.

PUNTAJE

1. Ⓢ Ⓝ

2. Ⓢ Ⓝ

3. Ⓢ Ⓝ

4. Ⓢ Ⓝ

5. Ⓢ Ⓝ

___ / 5
Total

¿En qué estado vives? Donde sea que vivas, tienes un representante. Los estados con muchas personas tienen muchos representantes. Los estados con poblaciones más pequeñas tienen menor cantidad de representantes. ¡Algunos estados solo tienen uno! Los representantes trabajan en Washington D. C. También trabajan en sus distritos locales. Los distritos son regiones más pequeñas de un estado. Entonces, un estado grande tiene varios distritos. Los representantes trabajan para hacer leyes que ayudarán a sus distritos. Son elegidos por dos años. Deben tener al menos veinticinco años de edad. También deben ser ciudadanos de los EE. UU. durante un mínimo de siete años. No necesitan vivir en sus distritos. Pero deben vivir en el mismo estado.

1. Los estados con más _____ tienen más representantes.

Ⓐ edificios
Ⓑ personas
Ⓒ tierra
Ⓓ dinero

2. ¿Qué **no** es verdadero sobre los representantes?

Ⓐ Son elegidos por dos años.
Ⓑ Trabajan en Washington D. C.
Ⓒ Deben tener al menos veinticinco años de edad.
Ⓓ Deben vivir en sus distritos.

3. La palabra *ayudarán* es

Ⓐ esdrújula
Ⓑ grave
Ⓒ aguda
Ⓓ sobreesdrújula

4. ¿Qué significa *elegido*?

Ⓐ personas
Ⓑ escogido
Ⓒ distritos
Ⓓ representantes

5. La frase *al menos veinticinco años de edad* significa

Ⓐ veinticinco y menor
Ⓑ menor de veinticinco
Ⓒ veinticinco y mayor
Ⓓ mayor de veinticinco

NOMBRE:_____ **FECHA:**_____

INSTRUCCIONES   Lee el texto y luego responde las preguntas.

Las leyes están hechas para ayudar a mantener seguras a las personas. ¿Cómo se aprueban o hacen las leyes? Primero, un miembro del Congreso crea un proyecto de ley. Los senadores son miembros del Congreso. Igualmente los representantes. El Senado y la Cámara de Representantes son las dos cámaras del Congreso. Cualquier senador o representante puede crear un proyecto de ley. Los proyectos de ley son leyes que aún no se han aprobado. Después de que se crea un proyecto de ley, el Senado y la Cámara de Representantes votan el proyecto de ley. Deciden si el proyecto de ley debe ser una ley. Si votan que el proyecto de ley no debe ser una ley, entonces no se convierte en una ley. Si votan que un proyecto de ley debe ser una ley, entonces el Congreso envía el proyecto de ley al presidente. Cuando el presidente firma un proyecto de ley, este se convierte en ley.

1. Ⓢ Ⓝ

2. Ⓢ Ⓝ

3. Ⓢ Ⓝ

4. Ⓢ Ⓝ

5. Ⓢ Ⓝ

____ / 5
Total

1. ¿Qué ocurre si el Congreso vota que un proyecto de ley **no** debe ser una ley?

Ⓐ El proyecto de ley no se convierte en ley.

Ⓑ El presidente firma el proyecto de ley.

Ⓒ El Congreso vota el proyecto de ley.

Ⓓ El proyecto de ley se envía al presidente.

2. ¿Cuál es el último paso para hacer una ley?

Ⓐ Un senador o representante crea un proyecto de ley.

Ⓑ El Congreso vota el proyecto de ley.

Ⓒ El presidente firma el proyecto de ley.

Ⓓ El Congreso envía el proyecto de ley al presidente.

3. ¿Qué palabras **no** tienen el mismo sufijo?

Ⓐ *aprobada* y *creada*

Ⓑ *firmó* y *envió*

Ⓒ *votar* y *hacer*

Ⓓ *presidente* y *representante*

4. ¿Cuál es un sinónimo de *crear*?

Ⓐ querer

Ⓑ firmar

Ⓒ comer

Ⓓ hacer

5. *El Congreso crea* es un ejemplo de

Ⓐ hipérbole.

Ⓑ metáfora.

Ⓒ personificación.

Ⓓ aliteración.

NOMBRE:_____ FECHA:_____

¡VISITEMOS EL CONGRESO!

El edificio del Capitolio

¿Cómo funciona nuestro gobierno? Hay tres ramas del gobierno. Una de esas ramas es la rama legislativa. El verbo *legislar* significa hacer leyes. Esa es una cosa que hace esta rama. Llamamos a esta rama *Congreso*. El Congreso tiene dos cámaras, o lados. Una cámara es el Senado. Hay 100 senadores. ¿Por qué? Cada estado puede elegir dos senadores. Los senadores son elegidos para ocupar el cargo seis años.

La otra cámara es la Cámara de Representantes. Hay 435 representantes. Los estados con muchas personas tienen muchos representantes. Los estados con menos personas, no. Algunos estados solo tienen uno. Los representantes son elegidos por dos años. Los representantes y senadores son miembros del Congreso.

Los miembros del Congreso trabajan en el edificio del Capitolio en Washington D. C. Uno de sus trabajos es hacer leyes que ayudarán a las personas. ¿Cómo lo hacen? Primero, un miembro del Congreso crea un proyecto de ley. Luego, el Congreso vota para ver si el proyecto de ley debe ser una ley. Si el Congreso vota "sí", entonces el proyecto de ley va al presidente. Cuando el presidente firma el proyecto de ley, este se convierte en ley. Si el Congreso vota "no" al proyecto de ley, entonces no se convierte en ley.

El Congreso no solo hace leyes. Está a cargo de los impuestos. También está a cargo de fabricar monedas y demás dinero. El Congreso también hace tratados, o acuerdos, con otros países. El Congreso también hace otras cosas. Es una rama importante del gobierno.

Pero el Congreso no puede hacer cualquier cosa que desee. Hay otras dos ramas del gobierno. Estas ramas limitan lo que puede hacer el Congreso. Una rama se asegura de que sean justas las leyes que crea el Congreso. Las otras también hacen otras cosas que el Congreso no puede hacer. Las tres ramas trabajan juntas. De esa manera, nuestro gobierno trabaja para todos.

NOMBRE:_____ **FECHA:**_____

| INSTRUCCIONES | Lee "¡Visitemos el Congreso!" y luego responde las preguntas. |

1. ¿Qué título alternativo se adapta al texto?

- (A) Senadores y representantes
- (B) Raíces, ramas y hojas
- (C) Mi día en el edificio del Capitolio
- (D) La Cámara de Representantes

2. Un lector más probablemente leería el texto para

- (A) entretenerse con datos sobre el gobierno de los EE. UU.
- (B) informarse sobre las ramas del gobierno de los EE. UU.
- (C) ser persuadido de ocupar un cargo político.
- (D) entretenerse con un viaje ficticio al edificio del Capitolio.

3. ¿Por qué crees que Delaware solo tiene un representante?

- (A) Delaware está cerca del océano Atlántico.
- (B) Delaware es un estado pequeño.
- (C) Delaware no tiene muchas personas.
- (D) Delaware solo quiere un representante.

4. ¿Cuál es el primer paso para hacer una ley?

- (A) Un miembro del Congreso crea un proyecto de ley.
- (B) El presidente firma el proyecto de ley.
- (C) El Congreso envía el proyecto de ley al presidente.
- (D) El Congreso vota el proyecto de ley.

5. ¿Qué **no** es verdadero sobre los miembros de la Cámara de Representantes?

- (A) Hay dos de cada estado.
- (B) Hay 435 representantes.
- (C) Ocupan el cargo durante dos años.
- (D) Trabajan en el edificio del Capitolio.

6. ¿Por qué las tres ramas del gobierno tienen que trabajar juntas?

- (A) El Congreso puede hacer lo que desee.
- (B) Cada rama puede hacer cosas que los otras ramas no pueden.
- (C) El presidente puede hacer cualquier cosa.
- (D) Cada rama está a cargo de hacer leyes.

1. Ⓢ Ⓝ

2. Ⓢ Ⓝ

3. Ⓢ Ⓝ

4. Ⓢ Ⓝ

5. Ⓢ Ⓝ

6. Ⓢ Ⓝ

___ / 6
Total

NOMBRE:_____ FECHA:_____

PUNTAJE

___ / 4

INSTRUCCIONES Vuelve a leer "¡Visitemos el Congreso!". Luego, lee la instrucción y responde en las líneas a continuación.

Si pudieras crear una ley nueva, ¿sobre qué sería tu ley? Describe tu nueva ley y el proceso que se requiere para aprobar la ley.

_____

_____

_____

_____

_____

_____

_____

_____

_____

_____

_____

_____

_____

_____

_____

 126832—180 Days of Reading—Spanish

NOMBRE: _____ **FECHA:** _____

INSTRUCCIONES   Lee el texto y luego responde las preguntas.

Raquel buscó en su armario sus pantalones de denim favoritos. Luego, recordó que había derramado algo de ketchup sobre estos un par de días atrás. No se habían lavado aún y Raquel quería usarlos al día siguiente. Se tumbó malhumoradamente sobre la cama preguntándose qué otra cosa podía ponerse. Entonces, su hermano mayor, Alan, se detuvo mientras pasaba por su puerta.

—¿Cuál es el problema? —preguntó.

—Mi pantalones de denim favoritos están sucios y quiero usarlos mañana. ¡Es insoportable! —dijo Raquel.

—Tal vez puedo ayudar. Si te enseño cómo lavar la ropa, puedes lavar tus pantalones hoy y estarán listos para mañana —dijo Alan—. No es difícil.

—¡Gracias, Alan! —dijo Raquel—. ¡Cuarto de lavado, acá vamos!

1. Ⓢ Ⓝ

2. Ⓢ Ⓝ

3. Ⓢ Ⓝ

4. Ⓢ Ⓝ

5. Ⓢ Ⓝ

1. ¿Cuál es el escenario?

Ⓐ la escuela

Ⓑ un restaurante

Ⓒ una casa

Ⓓ varios lugares diferentes

2. ¿Cuál es el problema del personaje?

Ⓐ ketchup

Ⓑ no poder ponerse algo

Ⓒ la pérdida de su tortuga de mascota

Ⓓ una pierna herida

3. ¿Cuál es el sufijo en *malhumoradamente*?

Ⓐ *–humor*

Ⓑ *malhumor–*

Ⓒ *–damente*

Ⓓ *–mente*

4. Otra palabra para *insoportable* es

Ⓐ aterrador.

Ⓑ molesto.

Ⓒ gozoso.

Ⓓ lamentable.

5. *¡Cuarto de lavado, acá vamos!* indica que Raquel está _____ respecto a aprender a lavar la ropa.

Ⓐ entusiasmada

Ⓑ enojada

Ⓒ sorprendida

Ⓓ asustada

___ / 5
Total

NOMBRE:_____ FECHA:_____

PUNTAJE

1. ⓈⓃ

2. ⓈⓃ

3. ⓈⓃ

4. ⓈⓃ

5. ⓈⓃ

___ / 5
Total

INSTRUCCIONES   Lee el texto y luego responde las preguntas.

—Lavar la ropa es fácil. Primero, ajusta los parámetros de la lavadora y elige la temperatura del agua —explicó Alan—. El agua fría ayuda a mantener los colores brillantes.

Después de que Raquel configuró la lavadora en frío, Alan continuó:

—Ahora, tienes que configurar la lavadora para una carga pequeña porque solo tienes una cosa para lavar.

Raquel configuró la lavadora para una carga pequeña. Luego, dijo Alan:

—Ahora pon tu ropa dentro y cierra la puerta de la lavadora. Agrega algo de jabón para ropa y oprime el botón de inicio. Cuando la lavadora termine, pondremos los pantalones en la secadora.

Alan estaba en lo correcto. ¡Lavar la ropa era pan comido!

1. Este texto es

Ⓐ todo sobre jabón.

Ⓑ una historia ficticia sobre cómo lavar la ropa.

Ⓒ una descripción detallada de servicios de lavandería profesional.

Ⓓ sobre Alan que enseña a Raquel a cocinar.

2. ¿Qué ayuda a hacer el agua fría?

Ⓐ mantener los colores brillantes

Ⓑ prevenir que la ropa se descosa

Ⓒ crear más burbujas

Ⓓ lavar ropa más rápido

3. La palabra *fría* es

Ⓐ aguda.

Ⓑ grave.

Ⓒ esdrújula.

Ⓓ Ninguna de las anteriores.

4. *Fácil* y *difícil* son

Ⓐ raíces.

Ⓑ sinónimos.

Ⓒ antónimos.

Ⓓ símiles.

5. *Lavar la ropa era pan comido* es un ejemplo de

Ⓐ onomatopeya.

Ⓑ alusión.

Ⓒ hipérbole.

Ⓓ metáfora.

NOMBRE: _____ **FECHA:** _____

INSTRUCCIONES   Lee el texto y luego responde las preguntas.

PUNTAJE

Raquel tenía una sorpresa para sus padres. Su hermano mayor, Alan, le había enseñado cómo lavar la ropa. Ahora, ella podía lavar la ropa sin ninguna ayuda. Una noche, los padres de Raquel salieron a cenar para celebrar su aniversario. Tan pronto como se fueron, Raquel juntó una pila de toallas sucias. Empezaba a poner las toallas en la lavadora cuando la mamá regresó.

—¡Me sorprendiste! —dijo boquiabierta Raquel—. Pensé que se habían ido.

—Olvidé mi teléfono celular —dijo su mamá—. ¿Qué estás haciendo?

—Alan me enseñó cómo lavar la ropa y quería sorprenderte.

—Sin duda alguna me sorprendiste. ¡Qué fabuloso regalo de aniversario! —dijo su mamá.

1. Ⓢ Ⓝ

2. Ⓢ Ⓝ

3. Ⓢ Ⓝ

4. Ⓢ Ⓝ

5. Ⓢ Ⓝ

___ / 5
Total

1. ¿Cuál es la sorpresa de Raquel para el aniversario de sus padres?

Ⓐ Limpia su habitación.
Ⓑ Lava la ropa.
Ⓒ Prepara la cena.
Ⓓ Compra toallas nuevas.

2. ¿Cuál es el problema?

Ⓐ Mamá llega a casa antes de que Raquel termine de lavar la ropa.
Ⓑ Raquel no sabe cómo lavar la ropa.
Ⓒ Raquel no puede pensar en cómo sorprender a sus padres.
Ⓓ La mamá no quiere que Raquel lave la ropa.

3. ¿Cuál es la raíz de *juntó*?

Ⓐ unt
Ⓑ junt
Ⓒ nt
Ⓓ unt

4. Un sinónimo de *fabuloso* es

Ⓐ maravilloso.
Ⓑ enorme.
Ⓒ costoso.
Ⓓ divertido.

5. ¿Cuál muestra que Raquel se sorprendió?

Ⓐ dijo
Ⓑ boquiabierta
Ⓒ sorpresa
Ⓓ juntó

NOMBRE:_____ FECHA:_____

UN MISTERIO EN EL LAVADERO

Cuando mamá y papá descubrieron que Raquel había aprendido a lavar la ropa, decidieron conseguirle una canasta para la ropa. A Raquel le agradó eso. Hacía más fácil llevar su ropa sucia al cuarto de lavado.

Un sábado, Raquel notó que su canasta de la ropa estaba llena. Era hora de lavar su ropa. Entonces arrastró la canasta al cuarto de lavado y empezó. Cuando terminó la lavadora, sacó la ropa y comenzó a ponerla en la secadora. Luego, notó algo.

—Mamá —llamó—. ¡Ven aquí! ¡Rápido!

—¿Cuál es el problema, Raquel?

—¡Mira este suéter! —Raquel señaló un suéter rosa que sostenía—. No debe ser rosa. Cuando lo compramos, era blanco. ¿Qué le pasó?

La mamá de Raquel miró el suéter de cerca. Luego, abrió la secadora y miró detenidamente dentro a la ropa y otras cosas que Raquel había puesto adentro.

—Creo que sé lo que pasó —dijo su mamá—. ¿Ves esa toalla roja?

Raquel asintió y sacó la toalla de la secadora.

—Esa toalla es roja porque ha sido teñida de ese color. Y la tintura no era de color sólido. Entonces parte de la tintura roja se quitó de la toalla mientras estaba en la lavadora y tiñó tu suéter. Cuando eso ocurre, se llama *desteñirse*.

—Entonces, ¿por qué no se puso rojo mi suéter? —Rachel preguntó.

—Porque solo parte de la tintura destiñó sobre el suéter. El resto permaneció en la toalla.

—Bueno, supongo que no es horrible que mi suéter se haya puesto rosa. Al menos hace juego con algunas de mis otras prendas. Pero no quiero que esto ocurra de nuevo.

—La manera más segura de prevenir este problema es separar las cosas blancas del resto de tu ropa para lavar. De esa manera, las tinturas de color no se mezclarán con la ropa.

NOMBRE: _____ **FECHA:** _____

INSTRUCCIONES Lee "Un misterio en el lavadero" y luego responde las preguntas.

1. ¿Cuál es el problema?

Ⓐ Raquel detesta lavar la ropa.

Ⓑ La mamá de Raquel está enojada con ella.

Ⓒ Raquel arruina su suéter.

Ⓓ Raquel se destiñe.

2. Un lector más probablemente leería el texto para

Ⓐ aprender a lavar la ropa.

Ⓑ aprender el significado de *color sólido.*

Ⓒ ser persuadido de lavar la ropa.

Ⓓ entretenerse con una historia ficticia.

3. La próxima vez que Raquel lave la ropa, probablemente

Ⓐ no irá al cuarto de lavado.

Ⓑ lavará las cosas blancas por separado.

Ⓒ lavará su toalla roja con las cosas blancas.

Ⓓ comprará un suéter blanco.

4. Hacia el final del texto, Raquel ha aprendido que

Ⓐ no debe lavar ropa de nuevo.

Ⓑ necesita lavar la ropa de acuerdo con el color.

Ⓒ necesita pedir permiso para lavar la ropa de su mamá.

Ⓓ las tinturas de tela ponen toda la ropa roja.

5. ¿Cómo se siente Raquel probablemente cuando ve que su suéter es rosa?

Ⓐ agradecida

Ⓑ atemorizada

Ⓒ sorprendida

Ⓓ encantada

6. ¿Qué título de libro esperarías que tenga un tema similar?

Ⓐ Lavandería 101

Ⓑ El caso de la media perdida

Ⓒ La historia del teñido de telas

Ⓓ Catástrofes de colores sólidos

1. Ⓢ Ⓝ

2. Ⓢ Ⓝ

3. Ⓢ Ⓝ

4. Ⓢ Ⓝ

5. Ⓢ Ⓝ

6. Ⓢ Ⓝ

___ / 6

Total

NOMBRE:_____ **FECHA:**_____

INSTRUCCIONES Vuelve a leer "Un misterio en el lavadero". Luego, lee la instrucción y responde en las líneas a continuación.

¿Alguna vez has teñido accidentalmente tu camisa favorita de color rosa? ¿Qué hiciste? Si no es así, ¿cómo imaginas que sería estar en esa situación?

_____

_____

_____

_____

_____

_____

_____

_____

_____

_____

_____

_____

_____

_____

_____

_____

NOMBRE:_____ **FECHA:**_____

INSTRUCCIONES   Lee el texto y luego responde las preguntas.

¿Te gusta ir de vacaciones? Las vacaciones pueden ser relajantes y muy divertidas. Puedes viajar a lugares nuevos, probar cosas nuevas y conocer personas nuevas. ¿Pero sabías que las vacaciones son buenas para ti? Es cierto; las vacaciones te permiten descansar, y el descanso es muy importante porque te mantiene saludable. El descanso es útil para el cuerpo y la mente porque te ayuda a pensar mejor y a mejorar tu humor. Sin embargo, las vacaciones ofrecen más que solo descanso. También te permiten saltar, correr, nadar y jugar. Estar activo es muy bueno para ti. Cuando mueves el cuerpo, ayudas a que se mantenga saludable. Las vacaciones también te permiten hacer cosas que disfrutas. Cuando haces cosas que disfrutas hacer, te sientes feliz y sentirse feliz es bueno para ti. ¡Entonces tómate unas vacaciones!

1. Ⓢ Ⓝ

2. Ⓢ Ⓝ

3. Ⓢ Ⓝ

4. Ⓢ Ⓝ

5. Ⓢ Ⓝ

1. ¿Qué título va mejor con este texto?

Ⓐ La importancia de las vacaciones

Ⓑ Destinos turísticos

Ⓒ Relajación en el trabajo

Ⓓ Humor bueno y malo

2. ¿Cuál es la idea principal?

Ⓐ Estar activo es saludable.

Ⓑ Las vacaciones son buenas para ti.

Ⓒ El descanso te ayuda a pensar mejor.

Ⓓ Las vacaciones son muy divertidas.

3. ¿Cuál es el sufijo en *vacación*?

Ⓐ *–ón*

Ⓑ *vacaci–*

Ⓒ *–ción*

Ⓓ *vaca–*

4. ¿Qué palabras son sinónimos?

Ⓐ *descanso* y *activo*

Ⓑ *humor* y *mover*

Ⓒ *también* y *permitir*

Ⓓ *descanso* y *relajación*

5. *Estar activo es muy bueno para ti* debe interpretarse

Ⓐ literalmente.

Ⓑ figurativamente.

Ⓒ lentamente.

Ⓓ metafóricamente.

___ / 5

Total

NOMBRE:_____ FECHA:_____

INSTRUCCIONES Lee el texto y luego responde las preguntas.

1. ⓈⓃ

2. ⓈⓃ

Hay muchos tipos diferentes de vacaciones. Hay muchas cosas distintas para hacer en vacaciones. A algunas personas les gusta estar al aire libre. Caminar y acampar son buenas opciones para las vacaciones de esas personas. A otras personas les gusta nadar. Les gusta el clima calmado y cálido y las playas arenosas. Las personas a las que les gusta el sol, la arena y nadar van al océano. Algunas personas prefieren las grandes ciudades. Les gusta visitar museos e ir a restaurantes. Les gusta ir de compras, a obras teatrales y al cine. Muchas personas tienen familias grandes que les gusta visitar. Cuando van de vacaciones, pasan tiempo con sus familias. ¿Y tú? ¿A dónde te gusta ir de vacaciones?

3. ⓈⓃ

4. ⓈⓃ

1. ¿Qué oración brinda una vista previa precisa del texto?

5. ⓈⓃ

Ⓐ A algunas personas les gusta estar al aire libre.

Ⓑ Hay muchos tipos diferentes de vacaciones.

___ / 5
Total

Ⓒ Cuando van de vacaciones, pasan tiempo con sus familias.

Ⓓ Algunas personas prefieren las grandes ciudades.

2. ¿Qué título de capítulo ayudaría a que el lector ubicara la información en el texto?

Ⓐ Capítulo 5: Vacaciones en la gran ciudad

Ⓑ Capítulo 7: Diversión al aire libre

Ⓒ Capítulo 3: Elección del destino para tus vacaciones

Ⓓ Capítulo 12: Lugares populares para vacacionar en Hawái

3. *Nadar, caminar* y *acampar* comparten

Ⓐ la misma raíz.

Ⓑ el prefijo.

Ⓒ el mismo significado.

Ⓓ el mismo sufijo.

4. ¿Qué definición de *sol* se usa en el texto?

Ⓐ calor de sol

Ⓑ centro de nuestro sistema planetario

Ⓒ planeta

Ⓓ elemento químico

5. *Clima calmado y cálido* es un ejemplo de

Ⓐ aliteración.

Ⓑ un símil.

Ⓒ una rima.

Ⓓ una hipérbole.

NOMBRE:_____ **FECHA:**_____

INSTRUCCIONES Lee el texto y luego responde las preguntas.

¿Qué llevarías a las vacaciones? Eso depende de dónde vayas. Supongamos que vas a la playa. Los trajes de baño, los pantalones cortos y las toallas playeras serán importantes y también necesitarás protector solar. Si vas a ir de campamento o a hacer senderismo, necesitarás diferentes cosas, como zapatos resistentes y fuertes, pantalones largos, una chaqueta y no olvides el repelente para insectos. ¿Vas a una ciudad grande? Asegúrate de llevar zapatos cómodos. Probablemente caminarás mucho. ¿Dónde está la ciudad que vas a visitar? Averigua cómo es el clima allí. De esa manera, estarás preparado para saber qué tipo de ropa llevar. Donde sea que vayas, no olvides la cámara para poder tomar fotografías.

1. (S) (N)

2. (S) (N)

3. (S) (N)

4. (S) (N)

5. (S) (N)

1. ¿Qué debes llevar a la gran ciudad?

(A) toallas

(B) zapatos cómodos

(C) pantalones largos

(D) una chaqueta

2. ¿Cuál es la idea principal?

(A) Necesitas un traje de baño para unas vacaciones en la playa.

(B) Si visitas una ciudad, lleva zapatos cómodos.

(C) Lleva repelente para insectos contigo si vas de campamento o haces senderismo.

(D) Lo que necesitas para unas vacaciones depende de dónde vayas.

3. ¿Cuál es la raíz de *cómodos*?

(A) os

(B) mod

(C) cómod

(D) modo

4. *Protector solar* y *al aire libre* son

(A) frases.

(B) sinónimos.

(C) antónimos.

(D) homófonos.

5. El lenguaje es coloquial porque

(A) hay preguntas en el texto para involucrar al lector.

(B) una conversación ocurre entre dos personajes.

(C) el autor habla en el texto.

(D) el texto es de no ficción.

___ / 5
Total

NOMBRE:_____ FECHA:_____

¡BIENVENIDO A BORDO!

¡Bienvenido a bordo! ¡Vas a hacer un crucero! Un *crucero* es un tipo especial de vacaciones en un barco muy grande. Los barcos viajan a muchos lugares diferentes. Cuando haces un crucero, duermes en una habitación especial que se llama *cabina*. Las cabinas no son muy grandes, pero tienen camas y baños. Sin embargo, la mayoría de las personas no pasan mucho tiempo en sus cabinas. Es que hay mucho para hacer en un crucero.

Diferentes cruceros duran diferentes cantidades de tiempo. Algunos cruceros duran cuatro días, y otros duran más. Algunos duran dos semanas. Durante el crucero, el barco hace paradas en diferentes lugares. Puedes bajar del barco y visitar esos lugares mientras el barco está ahí. Mientras estás de visita, puedes nadar, hacer senderismo o explorar. Puedes comprar, salir a caminar, probar una actividad nueva o simplemente sentarte y relajarte. Luego, es hora de volver a bordo del barco para que pueda ir al siguiente lugar en tu crucero. Pero no te preocupes, hay tanto para hacer en un crucero que no te aburrirás.

La mayoría de los barcos de cruceros tienen piscinas. Así que puedes nadar a bordo del barco. Muchos barcos de cruceros tienen juegos y competencias en los que puedes participar. También tienen obras teatrales, espectáculos y otras actividades divertidas. Algunos ofrecen golf y tenis en miniatura. ¡Algunos cruceros incluso ofrecen escalada de rocas! Nunca sientes hambre en un crucero tampoco. Los barcos de cruceros tienen varios restaurantes y otros lugares donde comer. Sin importar el tipo de comida que te guste, seguro la encontrarás en un barco de crucero.

Muchas personas trabajan en el barco de crucero para ayudar a mantenerte seguro y garantizar que pases un buen momento. El capitán está a cargo del barco. El director del crucero es la persona que organiza las actividades. También hay muchos otros miembros de la tripulación. Todos están para responder preguntas, asegurarse de que el barco esté seguro y garantizar que disfrutes.

NOMBRE:_____ **FECHA:**_____

INSTRUCCIONES Lee "¡Bienvenido a bordo!" y luego responde las preguntas.

PUNTAJE

1. ¿Proporciona el título suficiente información sobre el texto como para poder hacer una predicción?

(A) Sí. Dice al lector que el texto se trata de estar a bordo de un tren.

(B) Sí. Dice al lector que el texto se trata de estar a bordo de un crucero.

(C) No. El texto podría tratarse sobre estar a bordo de un tren, un barco o un avión.

(D) No. El texto podría ser sobre estar aburrido en el automóvil.

2. Un lector más probablemente leería el texto para

(A) averiguar cómo es un crucero.

(B) aprender cómo jugar tenis.

(C) averiguar dónde ir a nadar.

(D) aprender cómo convertirse en un capitán.

3. La mayoría de las personas no pasan tiempo en sus _____ aunque duermen allí.

(A) habitaciones de hotel

(B) habitaciones

(C) cabinas

(D) alcobas

4. ¿Qué oración es verdadera?

(A) Todos los cruceros duran una semana.

(B) La mayoría de los cruceros tienen un solo restaurante.

(C) Los cruceros tienen muchos juegos, espectáculos y actividades.

(D) El director del crucero está a cargo del barco de crucero.

5. Las personas a las que les gusta _____ probablemente disfruten de un crucero.

(A) estar solas

(B) descansar

(C) probar actividades nuevas

(D) jugar videojuegos

6. ¿Qué **no** es algo que las personas puedan hacer en un barco de crucero?

(A) hacer compras

(B) jugar tenis

(C) nadar

(D) hacer senderismo

PUNTAJE

1. (S)(N)

2. (S)(N)

3. (S)(N)

4. (S)(N)

5. (S)(N)

6. (S)(N)

___ / 6
Total

NOMBRE:_____ FECHA:_____

PUNTAJE

___ / 4

INSTRUCCIONES

Vuelve a leer "¡Bienvenido a bordo!". Luego, lee la instrucción y responde en las líneas a continuación.

¿Alguna vez has estado en un barco de crucero? ¿Qué actividades hiciste? ¿Qué actividades desearías hacer en un barco de crucero?

_____
_____
_____
_____
_____
_____
_____
_____
_____
_____
_____
_____
_____
_____
_____
_____

NOMBRE: _____ **FECHA:** _____

INSTRUCCIONES Lee el texto y luego responde las preguntas.

Daniel se sentó con los otros estudiantes en el auditorio. El director Stephens comenzó a hacer un anuncio:

—¡Excelentes noticias! ¡Vamos a tener una feria escolar este año! —dijo.

Todos los estudiantes aplaudieron enérgicamente. Estaban muy emocionados sobre la feria. El Sr. Stephens tuvo que pedir a todos que hicieran silencio para poder continuar.

—Su maestra les dirá más sobre la feria. Sabrán cuándo y dónde se hará la feria. También tendrán oportunidad de compartir sus ideas para la feria. Espero que todos se diviertan.

1. Ⓢ Ⓝ

2. Ⓢ Ⓝ

3. Ⓢ Ⓝ

4. Ⓢ Ⓝ

5. Ⓢ Ⓝ

___ / 5
Total

1. ¿Por qué están entusiasmados los estudiantes?

- Ⓐ El Sr. Stephens debe pedir que todos hagan silencio.
- Ⓑ La escuela hará una feria.
- Ⓒ Están en el auditorio.
- Ⓓ Es el último día de escuela.

2. ¿Cuál es el escenario?

- Ⓐ la oficina del Sr. Stephens
- Ⓑ un salón de clases
- Ⓒ el patio de juegos
- Ⓓ el auditorio

3. ¿Cuál es un sinónimo de *anuncio*?

- Ⓐ feria
- Ⓑ aviso
- Ⓒ silencio
- Ⓓ oportunidad

4. El sufijo *–mente* en *enérgicamente* dice al lector sobre cómo

- Ⓐ los estudiantes aplaudieron.
- Ⓑ los estudiantes aclamaron.
- Ⓒ el director habló.
- Ⓓ los estudiantes hablaron.

5. ¿Qué frase muestra la emoción de los estudiantes?

- Ⓐ se sentó con los otros estudiantes
- Ⓑ aplaudieron enérgicamente
- Ⓒ excelentes noticias
- Ⓓ compartir sus ideas para la feria

NOMBRE:_____ FECHA:_____

INSTRUCCIONES   Lee el texto y luego responde las preguntas.

1. Ⓢ Ⓝ

2. Ⓢ Ⓝ

3. Ⓢ Ⓝ

4. Ⓢ Ⓝ

5. Ⓢ Ⓝ

___ / 5
Total

La clase de la Sra. Blair analizaba la feria escolar cuando ella dijo:

—El tema de nuestra feria será la jungla. Las decoraciones incluirán árboles, plantas y animales. ¿Qué ideas tienen para juegos y actividades?

¿Por qué no tenemos animales ocultos? —dijo Daniel—. Quien encuentre un animal oculto obtiene un premio.

—Esa es una idea fantástica —respondió la Sra. Blair—. Ahora, escuchemos lo que piensan los demás.

La Sra. Blair pronto tenía una lista de excelentes ideas para la feria.

1. La Sra. Blair y su clase en general están hablando sobre

Ⓐ animales ocultos.

Ⓑ animales de la jungla.

Ⓒ la feria escolar.

Ⓓ globos y decoraciones.

2. ¿Qué encabezado describe mejor la idea principal?

Ⓐ Decoraciones para la feria

Ⓑ Planificación de la feria escolar

Ⓒ Animales ocultos

Ⓓ Actividades para la feria

3. ¿Qué sufijo puede agregarse a *decora* para crear una palabra nueva?

Ⓐ –do

Ⓑ –este

Ⓒ –able

Ⓓ –ión

4. ¿Cuál es un sinónimo de *oculto*?

Ⓐ escondido

Ⓑ expuesto

Ⓒ obvio

Ⓓ enterrado

5. ¿Cuál describe mejor el tono?

Ⓐ jovial

Ⓑ emotivo

Ⓒ tenebroso

Ⓓ poético

NOMBRE:_____ **FECHA:**_____

Lee el texto y luego responde las preguntas.

PUNTAJE

¡Vengan a la feria!

¿Estás listo para un alocado momento de diversión? ¡Entonces no querrás perderte nuestra feria en la jungla! ¡Habrá animales de la jungla ocultos! ¡Habrá maquillaje artístico y atracciones! ¡Habrá juegos, premios y mucha diversión! ¡También habrá refrigerios y bebidas disponibles! ¡Allá nos vemos!

Dónde: Escuela Primaria Middletown

Cuándo: sábado, 21 de abril desde el mediodía hasta las 4:00 p. m.

1. Ⓢ Ⓝ

2. Ⓢ Ⓝ

3. Ⓢ Ⓝ

1. Este texto es

Ⓐ una receta.

Ⓑ una invitación.

Ⓒ un artículo periodístico.

Ⓓ una historia personal.

2. ¿Dónde se realizará la feria?

Ⓐ Escuela Primaria Middletown

Ⓑ Escuela de Enseñanza Media Middletown

Ⓒ Escuela Secundaria Middletown

Ⓓ Parque Público Middletown

3. ¿Qué palabras **no** tienen el mismo sufijo?

Ⓐ *animales* y *atracciones*

Ⓑ *listo* y *ocultos*

Ⓒ *juegos* y *premios*

Ⓓ *refrigerios* y *bebidas*

4. ¿Cuál es un sinónimo para *disponible*?

Ⓐ no disponible

Ⓑ inaccesible

Ⓒ accesible

Ⓓ inmediato

5. ¿Qué le dice la puntuación al lector sobre el tono de este texto?

Ⓐ Es sombrío.

Ⓑ Es entusiasta.

Ⓒ Es formal.

Ⓓ Es apologético.

4. Ⓢ Ⓝ

5. Ⓢ Ⓝ

___ / 5
Total

NOMBRE:_____ **FECHA:**_____

¡TIEMPO DE FERIA!

Daniel y su pequeña hermana, Laura, estaban en la fila de boletos en la feria escolar. Mamá y papá le habían dado a Daniel suficiente dinero para comprar boletos, refrigerios y bebidas. Ellos iban a estacionar el automóvil. Luego, también irían a la feria. La mamá de Daniel le dijo:

"Quédate con tu hermana. Asegúrense de permanecer juntos hasta que regresemos. No quiero que Laura se pierda."

Daniel tampoco quería que Laura se perdiera. Pero no era muy emocionante ir a la feria con una niña pequeña. Aun así, había prometido a mamá y papá que se quedaría con su hermana. Entonces, Daniel preguntó:

—¿Qué quieres hacer primero, Laura?

—Quiero maquillarme la cara para ser un león —respondió Laura.

Daniel y Laura se dirigieron hacia el puesto donde se hace maquillaje artístico. La mujer del puesto preguntó qué tipo de maquillaje quería Laura. Cuando Laura le dijo, ella se puso a trabajar. Laura se sentó sobre un taburete, se empujó el pelo hacia atrás y cerró los ojos.

Mientras maquillaban a Laura, Daniel miraba el resto de las actividades. ¡Todo se veía estupendo! Notó las atracciones, la comida y los globos. También quería buscar los animales ocultos. Todos los que encontraran un animal oculto ganarían un premio. Daniel iba a preguntar a Laura qué quería hacer a continuación. Pero cuando giró, ¡Laura había desaparecido!

—¡Laura! ¿Dónde estás? —gritó Daniel. Estaba asustado. ¿Dónde podría haber ido Laura? Sus padres estarían furiosos y probablemente también aterrorizados.

—¡Estoy justo aquí! —alguien respondió. Daniel miró hacia su izquierda. Laura estaba parada justo al lado de un gran árbol decorado.

—¡Nunca vuelvas a desaparecer así otra vez! —dijo Daniel enojado—. ¡Me asustaste!

—Lo siento —dijo mientras el labio inferior le temblaba—. Pensé que me veías. Por favor no te enojes.

Daniel no pudo seguir enojado con Laura. Después de todo, ella no quiso asustarlo. Él tomó su mano.

—Solo no vuelvas a hacerlo —dijo finalmente—. Vamos, busquemos algunas palomitas de maíz.

NOMBRE:_____ **FECHA:**_____

Lee "¡Tiempo de feria!" y luego responde las preguntas.

PUNTAJE

1. ¿Proporciona el título suficiente información sobre el texto como para poder hacer una predicción?

- (A) Sí. El texto se tratará sobre la hora a la que comienza la feria.
- (B) Sí. El texto se tratará sobre ir a la feria.
- (C) No. El título es ambiguo, así que el texto podría ser sobre muchas cosas.
- (D) No. El título no tiene nada que ver con el texto.

2. ¿Desde qué punto de vista está escrito el texto?

- (A) primera persona
- (B) segunda persona
- (C) tercera persona
- (D) ninguna de las opciones anteriores

3. ¿Qué asustó a Daniel?

- (A) la cara maquillada de Laura
- (B) los animales de globo
- (C) la desaparición de Laura
- (D) las atracciones

4. ¿Con quién tiene un conflicto Daniel?

- (A) su mamá
- (B) Laura
- (C) su papá
- (D) la mujer del puesto de maquillaje

5. ¿La situación de quién se relaciona más estrechamente con la de Daniel?

- (A) un niño cuya hermana copió la tarea de un amigo
- (B) una niñera que no puede encontrar el niño pequeño del cual es responsable
- (C) una niña que se aleja de su hermano mayor en un parque de diversiones
- (D) un padre que pide a su hijo mayor que cuide a su hija

6. Según los eventos del texto, ¿qué frase idiomática podría tener en cuenta Laura?

- (A) Centavo ahorrado, centavo ganado.
- (B) La curiosidad mató al gato.
- (C) No hay mal que por bien no venga.
- (D) No hay que llorar sobre la leche derramada.

1. (S)(N)
2. (S)(N)
3. (S)(N)
4. (S)(N)
5. (S)(N)
6. (S)(N)

___ / 6
Total

NOMBRE:_____ **FECHA:**_____

PUNTAJE

___ / 4

INSTRUCCIONES   Vuelve a leer "¡Tiempo de feria!". Luego, lee la instrucción y responde en las líneas a continuación.

Si fueras Daniel, ¿le dirías a mamá y papá que no sabías dónde estaba Laura? Explica tu razonamiento.

_____

_____

_____

_____

_____

_____

_____

_____

_____

_____

_____

_____

_____

_____

NOMBRE:_____ **FECHA:**_____

INSTRUCCIONES Lee el texto y luego responde las preguntas.

Casi todos se conectan a Internet. Las personas se mantienen en contacto, leen noticias, realizan compras y reciben consejos en línea. Internet comenzó en la década de 1960 como una idea comercial. La idea era vincular computadoras para que los compañeros de trabajo pudieran compartir información. La primera Internet se llamó ARPANET. Tenía treinta y siete computadoras vinculadas. Pero todavía no estaba la World Wide Web. Las computadoras no usaban todas el mismo lenguaje. La idea para la red comenzó en el año 1980. En la década de 1980, tres científicos crearon un lenguaje de computación. Querían que todas las computadoras pudieran usar ese lenguaje. Luego, las personas podrían compartir cosas con facilidad. Tu computadora usa ese lenguaje. Así es cómo te conecta a la World Wide Web.

1. (S)(N)

2. (S)(N)

3. (S)(N)

4. (S)(N)

1. Este texto es en general sobre

Ⓐ las primeras computadoras.

Ⓑ un lenguaje de computación.

Ⓒ ARPANET.

Ⓓ la historia de Internet.

4. *Vincular* y *conectar* son

Ⓐ antónimos.

Ⓑ sinónimos.

Ⓒ homófonos.

Ⓓ homónimos.

5. (S)(N)

___ / 5

Total

2. ¿Qué entrada de índice ayudaría a un lector a ubicar esta información?

Ⓐ World Wide Web

Ⓑ ARPANET

Ⓒ Internet

Ⓓ todas las opciones anteriores

5. ¿Cuál es el propósito del autor?

Ⓐ entretener

Ⓑ dar instrucciones

Ⓒ informar

Ⓓ persuadir

3. ¿Qué prefijo forma el antónimo de *conectar*?

Ⓐ *pre–*

Ⓑ *re–*

Ⓒ *des–*

Ⓓ *in–*

NOMBRE:_____ FECHA:_____

PUNTAJE

1. (S)(N)

2. (S)(N)

3. (S)(N)

4. (S)(N)

5. (S)(N)

___ / 5
Total

INSTRUCCIONES   Lee el texto y luego responde las preguntas.

Cuando quieres jugar juegos de matemáticas, te conectas. ¿Pero cómo funciona eso? ¿Cómo llegas al sitio web de matemáticas que quieres visitar? Todas las computadoras en Internet usan el mismo lenguaje de computación llamado TCP/IP. Cuando le dices a la computadora que vaya al sitio web de matemáticas, tu computadora habla con el sitio web de matemáticas en TCP/IP. Así es como el sitio web sabe que quieres jugar un juego. Cuando juegas un juego de matemáticas, haces clic o escribes con el teclado. Tu computadora dice al sitio web de matemáticas lo que escribes con el teclado o a lo que haces clic. Usa TCP/IP para ello. ¿Cómo sabe tu computadora dónde es el sitio web? Cada sitio web tiene su propia dirección, tal como las personas y los negocios. Cuando escribes con el teclado la dirección del sitio web de matemáticas, la computadora encuentra ese lugar en la World Wide Web.

1. ¿Cómo sabe un sitio web de matemáticas lo que escribes con el teclado o a lo que haces clic?

(A) Hablas con alguien en el sitio web de matemáticas.

(B) Tu computadora se comunica con el sitio web usando TCP/IP.

(C) El sitio web de matemáticas lee lo que escribes.

(D) Tu computadora te dice qué escribir con el teclado o a qué hacer clic.

2. ¿Cuál oración es la oración de resumen?

(A) la cuarta oración

(B) la primera oración

(C) la tercera oración

(D) la segunda oración

3. ¿Qué sílaba está acentuada en la palabra *computadora*?

(A) la primera sílaba

(B) la cuarta sílaba

(C) la tercera sílaba

(D) todas las opciones anteriores

4. ¿Qué palabra tiene varios significados?

(A) sitio web

(B) tipo

(C) matemáticas

(D) computadora

5. *Tu computadora habla con el sitio web de matemáticas en TCP/IP* es un ejemplo de

(A) una metáfora.

(B) personificación.

(C) hipérbole.

(D) ninguna de las opciones anteriores

NOMBRE:_____ **FECHA:**_____

Lee el texto y luego responde las preguntas.

La World Wide Web es una parte importante de nuestras vidas. La World Wide Web actual permite que las personas hagan cosas que nunca pudieron hacer antes. Puedes encontrar recetas y consejos. Puedes ver películas y programas de televisión. Puedes estar en contacto con amigos y familiares. Internet también es un lugar muy bueno para encontrar información. ¿Quieres aprender a hablar un idioma nuevo? Hay sitios web que te ayudan. Hay sitios web que te ayudan a asegurarte de que tu guitarra suene bien. Tal vez quieras visitar un museo. Muchos museos tienen sitios web que te permiten hacer un recorrido virtual del museo. La World Wide Web ha hecho fácil encontrar casi todo lo que deseas.

1. (S)(N)

2. (S)(N)

3. (S)(N)

4. (S)(N)

5. (S)(N)

1. ¿Qué oración brinda un resumen preciso del texto?

(A) la novena oración
(B) la segunda oración
(C) la sexta oración
(D) la última oración

2. ¿En qué capítulo estaría ubicado el texto?

(A) Capítulo 2: Aprender español
(B) Capítulo 9: Programas populares de televisión
(C) Capítulo 5: Insectos
(D) Capítulo 7: Internet

3. La palabra *fácil* es

(A) grave.
(B) aguda.
(C) esdrújula.
(D) sobreesdrújula.

4. ¿Cuál es el tono del texto?

(A) humorístico
(B) informativo
(C) temeroso
(D) negativo

5. Según el texto, la frase *mantenerse en contacto* significa

(A) tocar y luego mantener elementos
(B) mantener elementos al alcance
(C) poder tocar un objeto
(D) comunicarse regularmente con otros

___ / 5
Total

NOMBRE:_____ FECHA:_____

¡NAVEGA LA RED DE MANERA SEGURA!

La World Wide Web puede ser muy divertida. También es un lugar muy bueno para aprender cosas nuevas. Puedes jugar videojuegos, mirar tus películas favoritas y mirar programas de televisión. Puedes estudiar, hacer la tarea y también estar en contacto con familiares y amigos. Pero es importante que estés seguro cuando uses Internet. Aquí te mostramos algunas buenas maneras de estar seguro cuando navegas en la red.

Mantén la privacidad

Nunca proporciones tu dirección ni tu número de teléfono en línea. No compartas el nombre de tu escuela ni el nombre de tus equipos de deportes. Pregunta a tus padres antes de enviar a alguien una imagen tuya o de tu familia. No proporciones las direcciones ni los números de teléfono de tus amigos. No envíes a nadie imágenes de tus amigos. No compartas contraseñas; tú y tus padres son las únicas personas que necesitan saber tu contraseña.

Sé educado

Las palabras pueden herir, así que sé educado en línea. Si no quieres que alguien te lo diga a ti, no lo digas a nadie. No digas cosas malas sobre otras personas en línea. No tomes palabras, imágenes ni sonidos de un sitio web sin permiso.

Pregunta a tus padres

Tus padres están para mantenerte seguro, pero también para ayudarte. Por ello muéstrales los sitios web que visitas, cuéntales lo que ves y haces en línea; y si recibes un mensaje de correo electrónico malo, cuéntales. No es tu culpa si alguien te envía algo malo. Cuéntales a tus padres. ¿Qué ocurre si alguien que no conoces quiere conocerte? Cuéntales a tus padres. ¿Qué ocurre si hay algo extraño en la computadora? Cuéntales a tus padres. Pregunta a tus padres antes de descargar algo.

Mantente seguro cuando estés conectado. Mantén la privacidad, sé educado y sigue contándoles a tus padres. ¡Feliz navegación!

NOMBRE: _____ **FECHA:** _____

INSTRUCCIONES Lee "¡Navega la red de manera segura!". y luego, responde las preguntas.

1. El título y los encabezados cuentan a los lectores que probablemente estarán leyendo

Ⓐ sobre lo controladores que son los padres con los videojuegos.

Ⓑ sobre Internet, pero no dice nada más al lector.

Ⓒ sobre los padres a quienes les gusta ir a la playa.

Ⓓ sobre cómo los padres pueden involucrarse en cuanto a la navegación en la red.

2. ¿Cuál es el propósito de leer este texto?

Ⓐ aprender sobre computadoras

Ⓑ aprender cómo usar Internet de manera segura

Ⓒ aprender sobre educación en las actividades diarias

Ⓓ ninguna de las opciones anteriores

3. A las personas que les gusta _____ les gustaría este texto.

Ⓐ Internet

Ⓑ correr

Ⓒ ver películas

Ⓓ cocinar

4. Cada párrafo tiene un encabezado para

Ⓐ contar al lector que esas palabras no son muy importantes.

Ⓑ ocupar espacio en la página.

Ⓒ preparar al lector para la idea principal de ese párrafo.

Ⓓ explicar que Internet es divertida.

5. ¿Por qué debes contar a tus padres lo que ves y haces en línea?

Ⓐ Tus padres están allí para mantenerte seguro y ayudarte.

Ⓑ Es importante ser educado.

Ⓒ No proporciones tu dirección ni número de teléfono.

Ⓓ Tus padres no están interesados en lo que haces en línea.

6. ¿Cuál resume el texto?

Ⓐ Cuenta a tus padres lo que ves y haces en línea.

Ⓑ Asegúrate de ser educado con tus amigos cuando estés en línea.

Ⓒ No proporciones tu dirección ni número de teléfono.

Ⓓ Hay varias cosas que puedes hacer para usar Internet de manera segura.

1. Ⓢ Ⓝ

2. Ⓢ Ⓝ

3. Ⓢ Ⓝ

4. Ⓢ Ⓝ

5. Ⓢ Ⓝ

6. Ⓢ Ⓝ

___ / 6
Total

NOMBRE:_____ FECHA:_____

PUNTAJE

___ / 4

INSTRUCCIONES Vuelve a leer "¡Navega la red de manera segura!". Luego, lee la instrucción y responde en las líneas a continuación.

¿Cuáles son tus sitios web favoritos? Escribe sobre tus sitios web favoritos.

_____

_____

_____

_____

_____

_____

_____

_____

_____

_____

_____

_____

_____

_____

_____

_____

NOMBRE:_____ **FECHA:**_____

Lee el texto y luego responde las preguntas.

PUNTAJE

—Voy a andar en bicicleta con Eva. Vuelvo para la cena —Grace prometió al papá.

—¿No vas a la fiesta de Debbie esta tarde? —preguntó el papá.

Grace miró el reloj de la cocina. Ya eran las dos en punto y la fiesta comenzaba a las tres. ¡Había olvidado por completo la fiesta de cumpleaños de Debbie!

—Ay, no —Grace se quejó—. ¡Le prometí a Eva que andaría en bicicleta con ella, y prometí a Debbie que iría a su fiesta! ¿Qué voy a hacer? No puedo estar en ambos lugares.

—Si Eva también está invitada a la fiesta, pueden ir juntas —sugirió el papá.

—¡Oye, esa es una buena idea! Tal vez Debbie también invitó a Eva.

1. Ⓢ Ⓝ

2. Ⓢ Ⓝ

3. Ⓢ Ⓝ

4. Ⓢ Ⓝ

5. Ⓢ Ⓝ

1. ¿Cuál de los siguientes es un título apropiado para este texto?

Ⓐ No puedo andar en bicicleta

Ⓑ Una cosa por vez

Ⓒ Demasiadas promesas

Ⓓ Ninguna amiga para Debbie

2. ¿Cuál es la solución del papá para el problema de Grace?

Ⓐ Grace puede quedarse en casa.

Ⓑ Grace puede llamar a Debbie y decirle que no puede ir a la fiesta.

Ⓒ Grace puede llamar a Eva y decirle que no puede andar en bicicleta.

Ⓓ Grace y Eva pueden ir a la fiesta juntas.

3. La palabra *prometí* es

Ⓐ aguda.

Ⓑ sobreesdrújula.

Ⓒ grave.

Ⓓ esdrújula.

4. ¿Qué palabra o frase **no** es un sinónimo de *sugirió*?

Ⓐ mencionó

Ⓑ ganó altura

Ⓒ ofreció un consejo

Ⓓ recomendó

5. ¿Cuál de los siguientes **no** se usa en el texto?

Ⓐ imaginería

Ⓑ diálogo

Ⓒ pronombres

Ⓓ sustantivos

___/ 5
Total

NOMBRE: _____ **FECHA:** _____

INSTRUCCIONES   Lee el texto y luego responde las preguntas.

1. Ⓢ Ⓝ

Era miércoles por la tarde. Grace estaba en el sofá en la sala conversando con su amiga Eva por teléfono. Su mamá entró en la habitación e hizo un gesto llamar la atención de Grace. Señaló el reloj. Grace movió la cabeza y encogió los hombros. No sabía qué quería decir su madre. Luego, su mamá señaló al piano y nuevamente el reloj. Ahora, Grace comprendía lo que su mamá estaba tratando de decir.

2. Ⓢ Ⓝ

—¡No puedo creerlo! —le dijo a Eva—. Olvidé por completo mi clase de piano. Te llamo más tarde, ¿sí?

3. Ⓢ Ⓝ

Grace colgó. Saltó del sofá y comenzó a hojear sus libros de canciones.

"¿Por qué siempre olvido cosas importantes?", pensó.

4. Ⓢ Ⓝ

1. ¿Qué frase sugiere que alguien se está relajando?

5. Ⓢ Ⓝ

Ⓐ entró en la habitación e hizo un gesto

Ⓑ un hermoso miércoles

Ⓒ estaba estirada sobre el sofá

___ / 5
Total

Ⓓ movió la cabeza y encogió los hombros

2. ¿Cuál es el escenario?

Ⓐ la playa

Ⓑ una casa

Ⓒ una lavandería

Ⓓ una habitación de hotel

3. La raíz en *conversar* es

Ⓐ conver.

Ⓑ con.

Ⓒ ar.

Ⓓ convers.

4. ¿Desde qué punto de vista se cuenta esta historia?

Ⓐ primera persona

Ⓑ segunda persona

Ⓒ tercera persona

Ⓓ No hay punto de vista.

5. Grace tiene problemas para recordar el día correcto para hacer cosas. ¿Qué símil es lo **opuesto** de como debe describirse a Grace?

Ⓐ Grace es como una cometa.

Ⓑ Grace es como un león.

Ⓒ Grace es como una fortaleza.

Ⓓ Grace es como un calendario.

NOMBRE:_____ FECHA:_____

INSTRUCCIONES Lee el texto y luego responde las preguntas.

—Muy bien, todos —anunció la Sra. Wilson—. Guarden sus libros y cuadernos. Les entregaré el examen ahora, y pueden comenzar.

—¿Examen? —Grace silbó a María, que estaba sentada junto a ella.

—¡Examen, por supuesto! —María susurró—. ¿No lo recuerdas? La Sra. Wilson lo escribió en el pizarrón la semana pasada y nos lo recordó hace dos días.

—Olvidé sobre este examen. ¿Qué se supone que haga ahora?

—Tan solo haz lo mejor que puedas —dijo la Sra. Wilson. Había estado escuchando la conversación de las niñas—. Lo discutiremos después de clase.

1. Ⓢ Ⓝ

2. Ⓢ Ⓝ

3. Ⓢ Ⓝ

4. Ⓢ Ⓝ

5. Ⓢ Ⓝ

___/5
Total

1. ¿Qué frase indica el escenario de este texto?

Ⓐ *muy bien, todos*

Ⓑ *entregaré el examen*

Ⓒ *Sra. Wilson*

Ⓓ *lo escribió en el pizarrón*

2. ¿Cuál es el problema de Grace?

Ⓐ María está enojada con ella.

Ⓑ Olvidó el examen.

Ⓒ La atraparon chismeando.

Ⓓ Se metió el problemas por escuchar secretamente.

3. ¿Cuál es la raíz en la palabra *conversación*?

Ⓐ con

Ⓑ conver

Ⓒ convers

Ⓓ ninguna de las opciones anteriores

4. Según el uso en el texto de la palabra *conversación*, *conversar* probablemente significa

Ⓐ reparar o arreglar un elemento roto.

Ⓑ un zapato estupendo que se usa para baloncesto.

Ⓒ un juego jugado como ejercicio.

Ⓓ interacción social a través del discurso.

5. Las palabras *silbó* y *susurró* indican que Grace está

Ⓐ hablando por teléfono.

Ⓑ cantando.

Ⓒ gritando.

Ⓓ tratando de hablar en voz baja.

NOMBRE:_____ **FECHA:**_____

¡ES HORA DE ORGANIZARSE!

Grace sabía que necesitaba hablar con su maestra, la Sra. Wilson. Tenía problemas en clase, y en general era porque siempre olvidaba cosas. Después de clase, Grace esperó hasta que todos se fueron y se acercó al escritorio de la Sra. Wilson.

—Sé que me fue muy mal en el examen hoy —comenzó Grace—. Pude haberlo hecho mucho mejor.

—¿Qué crees que ocurrió? —preguntó la Sra. Wilson. Quería saber el punto de vista de Grace.

—Creo que es porque siempre olvido cosas. Olvidé que hoy teníamos un examen, así que no pensé en estudiar como lo hago siempre. Eso me sucede mucho porque hago muchas cosas. Mantener todo organizado es realmente difícil para mí.

—¿Qué otras cosas haces? —quiso saber la Sra. Wilson.

—Bueno, la escuela y tomo clases de piano, así que debo practicar piano todos los días. También escribo artículos para el periódico escolar. Y también quiero divertirme con mis amigas.

—Parece que estás ocupada, pero eso no significa que no puedas organizarte. Lo que necesitas hacer es administrar mejor tu tiempo —dijo la Sra. Wilson.

—Eso es lo que también me dicen mis padres —dijo Grace con un suspiro.

—Bueno, tienen razón —dijo la Sra. Wilson—. Puedes comenzar a organizarte buscando un calendario. Si consigues un calendario grande, puedes escribir todo lo que necesitas hacer. Luego, todos los días, puedes mirar tu calendario para ver qué hay en tu cronograma.

—Y puedo escribir mis tareas y también las pruebas en mi calendario, así no se me olvida —dijo Grace.

—¡Exacto! —dijo la Sra. Wilson—. Si sabes que tienes un examen en una semana, puedes comenzar a estudiar un poco cada día. De esa manera, estarás preparada para el examen, pero aun así tendrás tiempo para otras cosas.

—Gracias, Sra. Wilson —sonrió Grace—. Creo que debí haber prestado atención a mis padres en primer lugar.

NOMBRE:_____ FECHA:_____

INSTRUCCIONES Lee "¡Es hora de organizarse!" y luego responde las preguntas.

PUNTAJE

1. Después de leer este texto, un lector podrá

Ⓐ explicar por qué es importante la organización.

Ⓑ explicar qué es un calendario.

Ⓒ hablar sobre salones de clases.

Ⓓ advertir a estudiantes sobre exámenes y lo difíciles que son.

2. El autor más probablemente escribió esto para

Ⓐ entretener a los lectores para que quieran leer más.

Ⓑ informar a los lectores sobre el comportamiento adecuado en el salón de clases.

Ⓒ persuadir a los lectores a aprender sobre calendarios.

Ⓓ persuadir a los lectores a ser organizados.

3. ¿Qué podría suceder si Grace consigue un calendario?

Ⓐ A Grace le irá mal en todas sus pruebas.

Ⓑ Grace no olvidará hacer cosas.

Ⓒ Los padres de Grace se enojarán con ella.

Ⓓ La Sra. Wilson conseguirá un calendario para Grace.

4. Si Grace estudia un poco cada día,

Ⓐ olvidará todo.

Ⓑ estará lista para el examen y aun así tendrá tiempo para otras cosas.

Ⓒ tomará clases de piano y practicará todos los días.

Ⓓ escribirá todo en el calendario.

5. ¿Cuál ayudaría más a que Grace se organizara?

Ⓐ una computadora con un calendario digital

Ⓑ una computadora para jugar videojuegos

Ⓒ hablar cada noche con la Sra. Wilson sobre las tareas

Ⓓ ninguna de las opciones anteriores

6. Grace es muy parecida a la liebre en "La tortuga y la liebre" porque

Ⓐ sabe qué hacer.

Ⓑ es lenta pero termina siempre.

Ⓒ es desorganizada pero muy rápida.

Ⓓ su falta de planificación hace que le vaya mal.

1. Ⓢ Ⓝ

2. Ⓢ Ⓝ

3. Ⓢ Ⓝ

4. Ⓢ Ⓝ

5. Ⓢ Ⓝ

6. Ⓢ Ⓝ

___ / 6
Total

NOMBRE:_____ FECHA:_____

PUNTAJE

___ / 4

INSTRUCCIONES Vuelve a leer "¡Es hora de organizarse!". Luego, lee la instrucción y responde en las líneas a continuación.

¿Qué haces todos los días? Escribe tu cronograma para uno o dos días.

_____

_____

_____

_____

_____

_____

_____

_____

_____

_____

_____

_____

_____

_____

_____

_____

_____

NOMBRE:_____ **FECHA:**_____

INSTRUCCIONES   Lee el texto y luego responde las preguntas.

¡Tiro al blanco! ¡Una flecha atraviesa el aire con un silbido! ¡Golpea el objetivo! Arcos y flechas son hermosos para mirar. También son útiles. Los arcos y las flechas tienen una larga historia. Los primeros seres humanos hicieron las primeras flechas de madera. Quemaban la madera y luego la afilaban en puntas. Más adelante, las personas hicieron flechas con puntas de piedra. El arco y la flecha facilitaron mucho la caza. Antes del arco y la flecha, los cazadores tenían que usar palos afilados. A veces, usaban jabalinas. Pero un cazador tenía que acercarse mucho a un animal silvestre para usar un palo o una jabalina, lo cual era peligroso. Un arco y una flecha eran más seguros. Permitían que el cazador se mantuviera alejado de la presa. Hoy, algunas personas aún van de caza. A veces, usan arcos y flechas.

1. Ⓢ Ⓝ

2. Ⓢ Ⓝ

3. Ⓢ Ⓝ

4. Ⓢ Ⓝ

5. Ⓢ Ⓝ

___ / 5
Total

1. ¿Por qué era peligroso cazar con una jabalina?

Ⓐ Las jabalinas podían lanzarse desde lejos.

Ⓑ Las jabalinas eran más rápidas.

Ⓒ Las jabalinas eran más fuertes.

Ⓓ Los cazadores a veces necesitaban acercarse a los animales silvestres.

2. ¿Qué título describe más apropiadamente el texto?

Ⓐ La historia del arco y la flecha

Ⓑ Cómo cazar animales grandes

Ⓒ Colección de artefactos de la Edad de Piedra

Ⓓ ¡Tiro al blanco!

3. ¿Cuántas sílabas tiene la palabra *jabalina*?

Ⓐ una sílaba

Ⓑ tres sílabas

Ⓒ dos sílabas

Ⓓ cuatro sílabas

4. ¿Cuál es un sinónimo de *peligroso*?

Ⓐ seguro

Ⓑ riesgoso

Ⓒ enorme

Ⓓ nervioso

5. *¡Una flecha atraviesa el aire con un silbido!* La palabra *silba* habla sobre

Ⓐ el tamaño de la flecha.

Ⓑ el color de la flecha.

Ⓒ la velocidad de la flecha.

Ⓓ el ruido que hace la flecha.

NOMBRE:_____ FECHA:_____

INSTRUCCIONES Lee el texto y luego responde las preguntas.

PUNTAJE

1. Ⓢ Ⓝ

2. Ⓢ Ⓝ

3. Ⓢ Ⓝ

4. Ⓢ Ⓝ

5. Ⓢ Ⓝ

___/ 5
Total

Las flechas lucen muy simples, pero están hechas de varias partes que tienen que funcionar bien juntas. La *punta de flecha* es la punta afilada de la flecha. Eso es lo que golpea el objetivo o la presa. La punta de flecha está conectada con el astil. El *astil* de una flecha es la parte larga, recta de una flecha. A lo largo del astil se encuentran las *remeras*. Las remeras son el grupo de plumas de plástico que ves en las flechas. Las remeras brindan equilibrio a las flechas y la ayudan a moverse en línea recta. En el extremo del astil está el *culatín*. El culatín es una pequeña ranura de plástico que se usa para encajar la flecha en la cuerda de un arco. Algunas flechas están hechas de madera. Pero muchas están hechas de aluminio. El aluminio es el mismo metal que se emplea para hacer latas.

1. ¿Qué aclararía las partes de una flecha tal como se describen en este texto?

Ⓐ una definición de glosario
Ⓑ un diccionario de sinónimos
Ⓒ una amigo que es un arquero
Ⓓ el diagrama rotulado de una flecha

2. ¿Cuál puede usarse para encontrar el significado de la palabra *remeras*?

Ⓐ Internet
Ⓑ un glosario
Ⓒ un diccionario
Ⓓ todas las opciones anteriores

3. ¿Cuál es la sílaba tónica en la palabra *aluminio*?

Ⓐ la primera sílaba
Ⓑ la tercera sílaba
Ⓒ la segunda sílaba
Ⓓ la cuarta sílaba

4. ¿Cuál es un sinónimo de *conectado*?

Ⓐ separado
Ⓑ unido
Ⓒ junto a
Ⓓ más grande

5. ¿Cuál es el propósito del autor?

Ⓐ informar
Ⓑ persuadir
Ⓒ instruir
Ⓓ explicar

NOMBRE:_____ FECHA:_____

INSTRUCCIONES Lee el texto y luego responde las preguntas.

¿Qué ocurre cuando disparas una flecha? ¿Cómo llega a su objetivo? Primero, encajas la flecha sobre la cuerda del arco. Luego, jalas la cuerda hacia ti. Cuando lo haces, estás almacenando energía que usarás para disparar la flecha. Luego, disparas la flecha. Cuando haces eso, la energía que almacenaste se mueve hacia la flecha y la empuja. Cuando disparas una flecha, no vuela perfectamente recta. Una flecha en realidad vuela en un patrón de arco, por lo cual las personas que disparan flechas se llaman *arqueros*. Al principio, la flecha sube por la fuerza usada para disparar. Pero la gravedad atrae a la flecha nuevamente hacia abajo. Si usas suficiente fuerza, la flecha golpeará el objetivo antes de golpear el suelo.

1. ¿Cómo se llaman las personas que disparan flechas?

(A) disparadores

(B) arqueros

(C) flecheros

(D) forzadores

2. ¿Qué atrae a una flecha hacia abajo?

(A) el empuje

(B) la atracción

(C) la gravedad

(D) el suelo

3. ¿Qué palabra tiene la misma raíz que *arqueros*?

(A) arquitecto

(B) arca

(C) rancho

(D) arquería

4. En este texto, ¿qué significa *dibujar*?

(A) delinear

(B) un puntaje parejo

(C) atraer

(D) extender

5. Las palabras *en realidad* implican

(A) que las flechas vuelan hacia el suelo antes de golpear en su objetivo.

(B) que el lector puede pensar que las flechas no vuelan en un arco.

(C) que las flechas actúan como un arco.

(D) que las flechas son algo interesante y divertido para usar en la caza.

1. (S)(N)

2. (S)(N)

3. (S)(N)

4. (S)(N)

5. (S)(N)

___ / 5
Total

NOMBRE:_____ FECHA:_____

¡TIRO AL BLANCO!

¿Alguna vez te has preguntado cómo sería usar un arco y una flecha? Las personas han usado arcos y flechas durante miles de años. Muchas personas aún usan arcos y flechas. El tiro con arco (disparar flechas) es un deporte muy popular. ¡Hasta es un evento olímpico! A las personas les encanta ver que sus flechas se claven en medio del objetivo. Eso se llama *dar en el blanco*. El tiro con arco también es un deporte seguro. Es más seguro que deportes como el béisbol y el fútbol, donde se usan pelotas.

El tiro con arco es bueno para el cuerpo. Cuando disparas flechas, usas la parte superior del cuerpo. Usar el cuerpo te ayuda a mantenerlo fuerte. Disparar flechas también ayuda a tu mente. ¿Cómo? En el tiro con arco, debes centrar tu mente en lo que estás haciendo. Debes bloquear otras cosas. Cuando lo haces, aprendes a concentrarte. Ser capaz de concentrarte te ayuda a pensar mejor.

Casi todo el mundo puede aprender tiro con arco. No tienes que ser demasiado corpulento ni fuerte. Así que el tiro con arco es un buen deporte para muchas personas. No tienes que comprar flechas y arcos costosos. Puedes rentar arcos y flechas en un club de tiro con arco. Muchos clubes también ofrecen clases. Así que aunque seas un principiante, puedes aprender. Además, puedes tomar clases con otros niños y hacer nuevos amigos.

El tiro con arco es un deporte seguro y divertido. Pero aun así tienes que ser cuidadoso. Toma clases con un experto. Asegúrate de estar con un adulto mientras practicas. También es importante disparar las flechas en un lugar seguro. La mayoría de los clubes de tiro con arco cuentan con lugares seguros para practicar. Puedes practicar allí sin lastimar a nadie. Cuando estés en el club, sigue todas las reglas; estas existen para mantenerte a salvo. También es importante usar un equipo seguro. Asegúrate de que tu flecha y tu arco estén en buenas condiciones. Si lo haces de forma segura, el tiro con arco puede ser muy divertido. ¡Así que mantente a salvo, diviértete y da en el blanco!

NOMBRE:_____ FECHA:_____

INSTRUCCIONES   Lee "¡Tiro al blanco!" y luego responde las preguntas.

1. Según el título solo, un lector puede pensar que esto es sobre

(A) tiro deportivo.

(B) tiro con arco.

(C) dardos.

(D) todas las opciones anteriores

2. El autor probablemente escribió esto para

(A) advertir lo increíblemente peligroso que puede ser el tiro con arco.

(B) presentar un deporte divertido.

(C) ayudar a que un negocio de tiro con arco progrese.

(D) todas las opciones anteriores

3. ¿Por qué el tiro con arco es bueno para el cuerpo?

(A) Ayuda a que la vista mejore.

(B) Te ayuda a hacer amigos.

(C) Es una forma de ejercicio.

(D) No es necesario pensar demasiado.

4. ¿Qué **no** es verdad sobre el tiro con arco?

(A) Te ayuda a concentrarte.

(B) No hay reglas.

(C) Es un deporte seguro.

(D) Es un evento olímpico.

5. Según tu conocimiento sobre otros deportes, ¿cuál de los siguientes **no** ayudaría a un atleta en el tiro con arco?

(A) equipo seguro y sólido

(B) un instructor de tiro con arco

(C) zapatos estupendos con rayas

(D) un campo de tiro

6. ¿Cuál es el mejor resumen de este texto?

(A) El tiro con arco es un deporte seguro. Es más seguro que los deportes que usan pelotas.

(B) A las personas les gusta el tiro con arco porque les encanta ver que sus flechas den en el blanco.

(C) Si eres cuidadoso, el tiro con arco es un deporte divertido y seguro que también es bueno para ti.

(D) Los clubes de tiro con arco cuentan con lugares seguros para practicar tiro.

1. (S)(N)

2. (S)(N)

3. (S)(N)

4. (S)(N)

5. (S)(N)

6. (S)(N)

___ / 6

Total

NOMBRE:_____ FECHA:_____

PUNTAJE

___ / 4

INSTRUCCIONES

Vuelve a leer "¡Tiro al blanco!". Luego, lee la instrucción y responde en las líneas a continuación.

¿Qué crees que te gustaría sobre el tiro con arco? ¿Qué no te gustaría? Escribe sobre lo que te gustaría y lo que no te gustaría.

_____

_____

_____

_____

_____

_____

_____

_____

_____

_____

_____

_____

_____

_____

_____

_____

NOMBRE: _____ **FECHA:** _____

INSTRUCCIONES   Lee el texto y luego responde las preguntas.

PUNTAJE

Steve y su clase estaban aprendiendo sobre los colonos. El Sr. Jacobs les mostró un documental sobre colonos. Pero antes, dijo:

—La película no muestra colonos reales. No existía ninguna forma de hacer películas en la época en la que vivieron. Pero verán los tipos de hogares que tenían. También verán los tipos de alimentos que comían y la ropa.

—¿Los colonos hacían todo a mano? ¿No era difícil? —preguntó Steve cuando el documental había terminado.

—Era muy difícil, Steve —respondió el Sr. Jacobs—. Su vida era muy difícil. No tenían tantas máquinas como nosotros ahora. Tenían algunas herramientas, pero no eran tan útiles como las que tenemos ahora.

1. Ⓢ Ⓝ

2. Ⓢ Ⓝ

3. Ⓢ Ⓝ

4. Ⓢ Ⓝ

5. Ⓢ Ⓝ

1. ¿Qué imagen apoyaría mejor el texto?

Ⓐ un colono jugando videojuegos

Ⓑ un colono saludando a una multitud

Ⓒ un colono haciendo mantequilla a mano

Ⓓ un colono usando una máquina lavadora

2. ¿Por qué la película no muestra colonos reales?

Ⓐ Las películas no existían durante al época de los colonos.

Ⓑ Los colonos eran demasiado tímidos como para que los filmaran.

Ⓒ Al Sr. Jacobs no les gustan los colonos.

Ⓓ Los colonos reales son aburridos.

3. ¿Cuál es la sílaba tónica en la palabra *documental*?

Ⓐ la primera sílaba

Ⓑ la segunda sílaba

Ⓒ la cuarta sílaba

Ⓓ la tercera sílaba

4. Otra palabra para *extremadamente* es

Ⓐ alguien.

Ⓑ muchos.

Ⓒ muy.

Ⓓ nunca.

5. El antónimo de *comenzar* es

Ⓐ intentar.

Ⓑ empezar.

Ⓒ terminar.

Ⓓ ofrecer.

___ / 5
Total

NOMBRE:_____ FECHA:_____

1. Ⓢ Ⓝ

2. Ⓢ Ⓝ

3. Ⓢ Ⓝ

4. Ⓢ Ⓝ

5. Ⓢ Ⓝ

___ / 5
Total

INSTRUCCIONES Lee el texto y luego responde las preguntas.

Steve y sus compañeros estaban trabajando en su proyecto sobre colonos. Cada grupo en la clase estaba planeando un viaje en una carreta. La tarea de los grupos era hacer una lista de cosas para llevar. Las carretas no tenían espacio para todo, así que tenían que elegir con cuidado. Además, nadie tenía permitido incluir cosas que los colonos no hubieran tenido.

—¿Llevamos suficiente comida? Los colonos viajaban durante meses —dijo Nick.

—Nick tiene razón —añadió Steve—. Necesitamos incluir una tonelada de provisiones de comida.

—Pero no tenemos espacio suficiente en la carreta para más comida —señaló Jessica—. Las herramientas de pesca y de caza ocupan menos espacio que la comida. Nuestros colonos tendrán suficiente comida si pueden cazar y pescar en el camino.

1. La primera oración sugiere que el texto ocurre

Ⓐ en la escuela.

Ⓑ en un restaurante.

Ⓒ en una fiesta.

Ⓓ en un consultorio médico.

2. El grupo de Steve debe decidir

Ⓐ si llevar un teléfono celular o un radio.

Ⓑ quién logra viajar en una carreta.

Ⓒ quién conduce una carreta.

Ⓓ qué llevar en un viaje que se hace en carreta.

3. ¿Cuál es la raíz en *camino*?

Ⓐ min

Ⓑ ca

Ⓒ camin

Ⓓ mino

4. Un sinónimo de *cosa* es

Ⓐ persona.

Ⓑ objeto.

Ⓒ bolsa.

Ⓓ carreta.

5. *Necesitamos incluir una tonelada de provisiones de comida* utiliza

Ⓐ imaginería.

Ⓑ personificación.

Ⓒ hipérbole.

Ⓓ ritmo.

 126832—180 Days of Reading—Spanish

NOMBRE:_____ **FECHA:**_____

INSTRUCCIONES   Lee el texto y luego responde las preguntas.

La clase de Steve se estaba preparando para una excursión a la Aldea de Colonos. La clase había estudiado a los colonos en la escuela. Hoy, irían a visitar un pequeño pueblo especial. Estaba construido exactamente como un pueblo de colonos.

Steve reunió sus cosas y las puso en su mochila. Empacó las gafas de sol y un sombrero. También guardó su cámara digital. "Me pregunto si estaré olvidando algo", pensó Steve. Y entonces se acordó de algo que quería llevar. Sacó un suéter y lo puso en la mochila.

"Ahora tengo todo lo que necesito —pensó Steve—. Los colonos no tenían gafas de sol, cámaras ni suéteres. Y yo viajaré en autobús, no en una carreta. Pero aun así será divertido ver cómo era ser un colono".

1. ⓈⓃ

2. ⓈⓃ

3. ⓈⓃ

4. ⓈⓃ

5. ⓈⓃ

___ / 5
Total

1. ¿De qué trata el texto?

(A) practicar para ser un colono

(B) prepararse para una excursión a la Aldea de Colonos

(C) viajar en autobús

(D) olvidarse de llevar un suéter

2. El diálogo en la historia muestra que Steve es

(A) un colono.

(B) descuidado.

(C) fanático de la música.

(D) atento.

3. ¿Cuál es una palabra compuesta?

(A) algo

(B) colono

(C) cámara

(D) autobús

4. El antónimo de *todo* es

(A) algo.

(B) nada.

(C) ninguno.

(D) todos.

5. ¿Cuál es el tono del texto?

(A) aburrido

(B) emocionado

(C) alarmado

(D) contemplativo

NOMBRE:_____ FECHA:_____

¡UNA EXCURSIÓN MAGNÍFICA!

La clase de Steve llegó a la Aldea de Colonos a las diez en punto. Una guía de recorridos los recibió. "Hola, y bienvenidos a la Aldea de Colonos. Soy la Srta. Hendricks, su guía. Espero que todos tengan una visita maravillosa."

Pronto la clase comenzó a explorar. Se veía igual que un pueblo de colonos. No había centros comerciales ni restaurantes de pizza. En cambio, había un almacén donde podías comprar ropa, herramientas y platos. También podías conseguir harina, azúcar y otras cosas. Además, había una escuela, pero no se parecía a la escuela de Steve. Aunque definitivamente lucía como un salón de clases. Había escritorios para la maestra y los estudiantes y había una pizarra.

Para Steve, el mejor edificio en la Aldea de Colonos era la prisión. La prisión tenía una oficina para el sheriff y algunas celdas. La clase de Steve había visto este tipo de prisión en el documental que su maestro les había mostrado. Steve no creía que sería tan divertido ser un prisionero real, pero se divirtió explorando. Lo disfrutó tanto que cuando todos salieron para ir a otro edificio, él se quedó. Acababa de entrar en una de las celdas para ver alrededor cuando escuchó un estallido detrás de él. ¡La puerta de había cerrado de un golpe! Steve intentó abrir la puerta, pero no se movía.

PRISIÓN DE LA ALDEA DE COLONOS

Cuando Steve se dio cuenta de que estaba atrapado, comenzó a gritar:

"¡Ayúdenme! ¡Estoy atrapado en esta celda!". De repente, oyó pasos que subían corriendo los escalones de la prisión. La puerta se abrió y Steve vio para su alivio que su maestro, el Sr. Jacobs, estaba allí. El Sr. Jacobs estaba con el sheriff que le había mostrado a la clase la prisión.

"En solo un segundo estarás afuera —dijo el sheriff—. La puerta hace presión, y es muy difícil abrirla desde adentro." En un minuto, había logrado abrir la puerta y Steve estaba libre.

"Definitivamente he aprendido una cosa —comentó Steve después de agradecerle al sheriff—. ¡En verdad no quiero ir nunca a prisión!"

NOMBRE:_____ **FECHA:**_____

Lee "¡Una excursión magnífica!" y luego responde las preguntas.

PUNTAJE

1. El título sugiere que el texto será sobre

- (A) pilotos de portaaviones y los aviones que tienen.
- (B) una excursión a un campo de flores.
- (C) una excursión común y poco interesante.
- (D) ninguna de las opciones anteriores

2. El propósito de la lectura de este texto es

- (A) entretener a través de una narrativa en primera persona.
- (B) entretener a través de una narrativa en tercera persona.
- (C) reunir información.
- (D) aprender sobre diferentes opiniones.

3. ¿Cuál de estos **no** está en la Aldea de Colonos?

- (A) un almacén
- (B) una escuela
- (C) una prisión
- (D) una tienda de teléfonos celulares

4. ¿Cómo se siente probablemente el Sr. Jacobs cuando Steve queda atrapado?

- (A) celoso
- (B) atemorizado
- (C) orgulloso
- (D) preocupado

5. ¿Qué no tenía el salón de clases de los colonos?

- (A) escritorios
- (B) computadoras
- (C) asientos
- (D) una puerta

6. El momento en el que Steve queda atrapado en la celda es un ejemplo de

- (A) un personaje que trabaja en equipo para resolver un conflicto.
- (B) un personaje que resuelve un conflicto.
- (C) un personaje que se enfrenta a un conflicto.
- (D) todas las opciones anteriores

1. (S)(N)

2. (S)(N)

3. (S)(N)

4. (S)(N)

5. (S)(N)

6. (S)(N)

___ / 6

Total

NOMBRE:_____ **FECHA:**_____

PUNTAJE

___ / 4

INSTRUCCIONES Vuelve a leer "¡Una excursión magnífica!". Luego, lee la instrucción y responde en las líneas a continuación.

¿Cómo crees que sería tu vida si fueras un colono? Escribe sobre cómo sería tu vida.

_____

_____

_____

_____

_____

_____

_____

_____

_____

_____

_____

_____

_____

_____

NOMBRE:_____ **FECHA:**_____

Lee el texto y luego responde las preguntas.

A medida que aprendemos más sobre nuestro mundo, lo entendemos mejor. Y cuando aprendemos más sobre algo, no lo tememos tanto. Cuando se inventaron los automóviles, muchas personas les tenían miedo. No querían andar en automóvil. Pero desde entonces, hemos aprendido mucho sobre automóviles y ahora los entendemos mejor. Así que la mayoría de la gente ha dejado de temerles. Este hecho también es cierto con la electricidad. A principios del siglo XIX, muchas personas le tenían miedo a la electricidad. No sabían cómo funcionaba. Eso les hacía tener miedo. En la actualidad, sabemos mucho sobre electricidad. Sabemos cómo funciona, así que la mayoría de las personas no le teme. Si la usas de manera segura, no te lastimará. Cuanto más sabes sobre las cosas, menos escalofriantes son.

1. Ⓢ Ⓝ

2. Ⓢ Ⓝ

3. Ⓢ Ⓝ

4. Ⓢ Ⓝ

5. Ⓢ Ⓝ

1. Las dos primeras oraciones indican que el texto trata de

- Ⓐ el miedo y lo grande que es el mundo.
- Ⓑ el miedo y lo imparable que es.
- Ⓒ el miedo y cómo superarlo a través del conocimiento.
- Ⓓ el miedo y lo escalofriante que es el paracaidismo.

2. ¿Cuál de estas podría ser una oración que resume el texto?

- Ⓐ A medida que aprendemos más sobre las cosas, no les tememos tanto.
- Ⓑ A medida que descubrimos la electricidad, lentamente conducimos mejor nuestros automóviles.
- Ⓒ Las personas conducían automóviles escalofriantes en el siglo XIX, pero ahora no lo hacen.
- Ⓓ Cuanto más sepamos sobre las cosas, mejor.

3. ¿Cuál es el lexema de *electricidad*?

- Ⓐ electrici
- Ⓑ elec
- Ⓒ electri
- Ⓓ ele

4. Otra palabra para *escalofriante* es

- Ⓐ sofocante.
- Ⓑ irritante.
- Ⓒ aburrido.
- Ⓓ aterrador.

5. ¿Cuál es el propósito del autor?

- Ⓐ hacer preguntas sobre el miedo e investigar cómo puede ser divertido
- Ⓑ explicar un método para superar el miedo
- Ⓒ argumentar que conducir es aterrador
- Ⓓ permitir la dispersión de la electricidad

____/ 5

Total

NOMBRE:_____ FECHA:_____

PUNTAJE

INSTRUCCIONES Lee el texto y luego responde las preguntas.

1. Ⓢ Ⓝ

2. Ⓢ Ⓝ

3. Ⓢ Ⓝ

4. Ⓢ Ⓝ

5. Ⓢ Ⓝ

___/ 5
Total

La vida era muy diferente a principios del siglo XIX. Por ejemplo, las personas no tenían automóviles ni trenes. A principios del siglo XIX, viajaban a caballo o en carros. En ese tiempo, las personas no tenían electricidad. La mayoría de las personas usaban velas y chimeneas para iluminarse y calentarse. Con la invención del motor de vapor, las máquinas podían fabricar cosas más rápido y de manera más sencilla. También había fábricas. Usaban la energía del vapor. Algunas personas de esa época eran muy, muy ricas. La vida era buena para los adinerados. Pero la mayoría de las personas no era adinerada. De hecho, más de la mitad de la gente en Inglaterra era pobre. La vida era muy difícil para ellos. Muchas personas pobres, hasta los niños, trabajaban en fábricas. Sin embargo, las fábricas no eran seguras; muchas personas que trabajaban en fábricas se lastimaban, y algunas hasta morían.

1. ¿Qué imagen ayudaría mejor a un lector a anticipar el texto?

Ⓐ un mapa de Inglaterra en el siglo XIX

Ⓑ un diagrama de un tren antiguo

Ⓒ una fotografía de niños jugando en el siglo XIX

Ⓓ una fotografía de una fábrica en el siglo XIX

2. ¿Cuál **no** es una forma en la que la vida era diferente a principios del siglo XIX?

Ⓐ No había automóviles.

Ⓑ Las personas tenían chimeneas.

Ⓒ No había electricidad.

Ⓓ No había trenes.

3. ¿Cuál es el lexema de *adinerados*?

Ⓐ adi

Ⓑ rados

Ⓒ adin

Ⓓ adinera

4. Un sinónimo de *automóvil* es

Ⓐ motor.

Ⓑ móvil.

Ⓒ tren.

Ⓓ coche.

5. Para crear una hipérbole, ¿cuál podría reemplazar a *muy, muy ricos*?

Ⓐ infinitamente ricos

Ⓑ un poco ricos

Ⓒ ricos, pero solo un poco

Ⓓ muy ricos

NOMBRE:_____ **FECHA:**_____

Lee el texto y luego responde las preguntas.

A principios del siglo XIX, la vida estaba cambiando muy rápido. Muchas personas se mudaron del campo a la ciudad. La gente comenzó a trabajar en fábricas. A muchas personas no les gustaban los cambios grandes. Veían que había muchas enfermedades, contaminación y pobreza. Pensaban que la vida se estaba volviendo demasiado peligrosa y estresante. Estas personas creían que los humanos habían ido demasiado lejos con la tecnología. Tenían miedo de lo que ocurriría si había más máquinas. Una mujer escribió un libro sobre esto. Su nombre era Mary Shelley. El libro se llama *Frankenstein*. El libro se trata de un hombre que crea una nueva criatura. Pero cuando ve lo que ha hecho, se da cuenta de que ha ido demasiado lejos. El libro se volvió muy popular. A veces se denomina la primera novela de ciencia ficción.

1. (S)(N)

2. (S)(N)

3. (S)(N)

4. (S)(N)

5. (S)(N)

1. ¿A qué género literario pertenece *Frankenstein*?

Ⓐ no ficción

Ⓑ ciencia ficción

Ⓒ ficción realista

Ⓓ cuento de hadas

2. ¿Cómo se sentían muchas personas con respecto a los cambios a principios del siglo XIX?

Ⓐ felices

Ⓑ emocionadas

Ⓒ aburridas

Ⓓ asustadas

3. ¿Cuántas sílabas tiene la palabra *ficción*?

Ⓐ una sílaba

Ⓑ tres sílabas

Ⓒ dos sílabas

Ⓓ cuatro sílabas

4. Una *novela* es un tipo de

Ⓐ receta.

Ⓑ libro.

Ⓒ máquina.

Ⓓ persona.

5. Comparar la tecnología con un monstruo es un ejemplo de

Ⓐ imaginería.

Ⓑ metáfora.

Ⓒ aliteración.

Ⓓ onomatopeya.

___ / 5
Total

NOMBRE:_____ FECHA:_____

MARY SHELLEY

Mary Shelley

Mary Shelley nació el 30 de agosto de 1797. Su madre murió poco después de que Mary naciera, así que la crió su padre, William. Cuatro años después, William se casó otra vez. La nueva esposa de William, Mary Jane, tenía hijos propios. Así que Mary creció con cuatro hermanos y hermanas.

William era amigo de muchos científicos, poetas y escritores magníficos. Mary creció con libros, poemas e ideas. Mary también fue afortunada de otra manera. En la época en la que estaba creciendo, las niñas por lo general no iban a la escuela. Pero William pensaba que las niñas debían aprender de la misma manera que lo hacían los niños. Así que Mary recibió una buena educación.

Uno de los amigos de William era poeta. Su nombre era Percy Shelley. Percy y Mary se hicieron amigos y luego se enamoraron. Se casaron cuando Mary tenía solo dieciséis años. En el verano de 1816, Mary y Percy hicieron un viaje con algunos amigos. El clima era malo, así que el grupo tuvo que quedarse dentro. Un día, decidieron ver quién podía escribir la mejor historia de fantasmas. La idea de Mary para una historia llegó a ella en un sueño. Escribió una historia sobre un hombre que quería crear una nueva criatura. Pero cuando el hombre vio lo que había hecho, se dio cuenta de que había ido demasiado lejos. La historia de Mary era muy aterradora. Todos estuvieron de acuerdo con que el relato de Mary era la mejor historia de fantasmas.

Dos años más tarde, esa historia se convirtió en un libro llamado *Frankenstein*. El libro se volvió muy popular al instante. ¡A los dieciocho años, Mary Shelley era una escritora famosa! Su libro hizo que las personas pensaran mucho. También era una buena historia de terror. Además, Mary escribió otros libros. Ella y Percy también tuvieron dos hijos, Clara y William. Después de algunos años, la familia se mudó a Italia. Allí, Percy se convirtió en un poeta muy famoso. Por desgracia, Percy murió en Italia. Mary regresó a Inglaterra con sus hijos. Murió allí en 1851.

NOMBRE:_____ **FECHA:**_____

INSTRUCCIONES Lee "Mary Shelley" y luego responde las preguntas.

1. Según la primera oración, el lector puede decir que este texto es

Ⓐ biográfico en su naturaleza.

Ⓑ autobiográfico en su naturaleza.

Ⓒ de ciencia ficción.

Ⓓ un texto científico sobre desiertos.

2. ¿Cuál es el propósito de leer este texto?

Ⓐ para obtener conocimiento biográfico sobre un autor

Ⓑ para aprender más sobre el personaje de Frankenstein

Ⓒ para entretenerse

Ⓓ para entretenerse y aprender sobre Shelley Percy

3. Shelley escribió *Frankenstein* porque

Ⓐ ella y sus amigos querían ver quién podía escribir la mejor historia de fantasmas.

Ⓑ quería que su padre estuviera feliz.

Ⓒ tenía muchos sueños y quería escribir sobre ellos.

Ⓓ quería crear una nueva criatura, pero se dio cuenta de que había ido demasiado lejos.

4. Es probable que Mary escribiera con

Ⓐ una computadora.

Ⓑ una máquina de escribir.

Ⓒ un bolígrafo.

Ⓓ un trozo de tiza.

5. ¿Por qué Mary fue a la escuela?

Ⓐ porque su padre pensaba que debía hacerlo

Ⓑ porque era necesario

Ⓒ para evitar a su madrastra

Ⓓ para conocer a Percy Shelley

6. ¿Cuál de estos crees que ayudó a Mary a convertirse en escritora?

Ⓐ Ella y Percy fueron a Italia.

Ⓑ Su padre pensaba que las niñas debían aprender de la misma manera que lo hacían los niños.

Ⓒ Su padre se casó de nuevo cuatro años después.

Ⓓ Mary tuvo dos hijos, Clara y William.

1. ⓈⓃ
2. ⓈⓃ
3. ⓈⓃ
4. ⓈⓃ
5. ⓈⓃ
6. ⓈⓃ

___ / 6
Total

NOMBRE:_____ FECHA:_____

PUNTAJE

___ / 4

INSTRUCCIONES Vuelve a leer "Mary Shelley". Luego, lee la instrucción y responde en las líneas a continuación.

Comprueba si puedes escribir una historia de fantasmas. Explica sobre qué será tu historia.

_____

_____

_____

_____

_____

_____

_____

_____

_____

_____

_____

_____

_____

_____

_____

_____

NOMBRE:_____ **FECHA:**_____

Lee el texto y luego responde las preguntas.

PUNTAJE

¡No lo podía creer cuando mi hermana, Diane, me dijo que estaba comprometida!

—¿Cuándo se casarán Pete y tú? —pregunté. Pete es el prometido de Diane.

—La boda será el 18 de septiembre —dijo Diane—, así que necesitamos comenzar a planear todo.

—Pero para septiembre falta casi un año —dije—. ¿Las bodas son tan complicadas? ¿Es necesaria tanta planificación?

—Absolutamente, Angie —dijo Diane—. Necesitamos reservar un lugar para la boda y la recepción. Necesitamos encargar las invitaciones. Y luego queda el vestido, los zapatos, las flores y el pastel de bodas. Es mucho trabajo.

1. ⓈⓃ
2. ⓈⓃ
3. ⓈⓃ
4. ⓈⓃ
5. ⓈⓃ

1. ¿Cuál **no** está involucrado en la planificación de una boda?

Ⓐ reservar un lugar
Ⓑ encargar invitaciones
Ⓒ hablar con amigos
Ⓓ conseguir un pastel de bodas

2. Es probable que el escenario de este texto sea

Ⓐ la recepción de la boda de Diane.
Ⓑ el medio de un desierto.
Ⓒ la mesa de desayuno de la familia.
Ⓓ un depósito grande.

3. ¿Cuál es el sufijo en la palabra *absolutamente*?

Ⓐ –mente
Ⓑ ab–
Ⓒ –tamente
Ⓓ –soluta–

4. Un _____ es alguien que está a punto de casarse.

Ⓐ prometido
Ⓑ complicado
Ⓒ boda
Ⓓ reserva

5. ¿Qué tipo de texto tendría un tono similar?

Ⓐ una historia sobre maestros que planean un carnaval escolar
Ⓑ un trabajo científico sobre la migración de gansos en Canadá
Ⓒ un libro sobre una niña a la que le gusta escribir
Ⓓ ninguna de las opciones anteriores

___ / 5
Total

NOMBRE:_____ FECHA:_____

INSTRUCCIONES   Lee el texto y luego responde las preguntas.

> Mi hermana, Diane, comenzó a planear su boda. Como tenía curiosidad, le pregunté quiénes estarían en la boda.
>
> —El mejor amigo de Pete, Doug, será el padrino principal, y mi mejor amiga, Nan, será la madrina —respondió Diane—. También habrá padrinos y damas de honor. Ayudarán a controlar todos los pequeños detalles de la ceremonia. De esa forma, el novio y yo podemos concentrarnos en casarnos.
>
> —¿Y yo? ¿Seré dama de honor? Quiero participar en la boda.
>
> —Eres muy pequeña, Angie —dijo Diane—. Pero puedes ser la niña de las flores.

1. Ⓢ Ⓝ

2. Ⓢ Ⓝ

3. Ⓢ Ⓝ

4. Ⓢ Ⓝ

5. Ⓢ Ⓝ

___ / 5
Total

1. ¿Qué papel tendrá Angie en la boda de Diane?

Ⓐ dama de honor

Ⓑ madrina

Ⓒ niña de las flores

Ⓓ novia

2. ¿Qué título va mejor con este texto?

Ⓐ Una hermana llamada Diane

Ⓑ Nan y Doug

Ⓒ Detalles de una boda

Ⓓ Cómo se viste la gente en una boda

3. ¿Cuál es el lexema de *boda*?

Ⓐ a

Ⓑ bo

Ⓒ bod

Ⓓ oda

4. Alguien que es *curioso*

Ⓐ quiere cenar.

Ⓑ quiere saber acerca de algo.

Ⓒ quiere dormir una siesta.

Ⓓ quiere estar solo.

5. ¿Qué es un *padrino*?

Ⓐ un hombre que ayuda al novio

Ⓑ un hombre que es mejor que los demás

Ⓒ alguien que ha ganado una competencia

Ⓓ ninguna de las opciones anteriores

NOMBRE:_____ **FECHA:**_____

Lee el texto y luego responde las preguntas.

PUNTAJE

La boda de mi hermana Diane se acercaba. Había encontrado el vestido de boda perfecto. También encontró vestidos muy bonitos para las damas de honor. Yo sería la niña de las flores. Así que mi vestido no lucía de la misma forma que los otros vestidos. Pero era un vestido azul hermoso. Diane y su prometido, Pete, también encontraron los anillos de boda que querían. Eran los anillos más bonitos que había visto. Eran de oro con diseños muy lindos.

—¡Esos anillos son totalmente adorables! —le dije a Diane—. Aunque son extremadamente pequeños, ¿no lo crees? ¿No temen perderlos?

—Tendremos mucho cuidado con ellos para que no pase —dijo Diane.

1. Ⓢ Ⓝ

2. Ⓢ Ⓝ

3. Ⓢ Ⓝ

4. Ⓢ Ⓝ

5. Ⓢ Ⓝ

1. ¿Qué pregunta se relaciona mejor con el texto?

- Ⓐ ¿La niña de la flores tiene que usar un vestido azul, o puede ser amarillo?
- Ⓑ ¿Habrá un pastel de bodas?
- Ⓒ ¿Se acerca la boda?
- Ⓓ ¿Qué tipo de objetos compra la gente antes de una boda?

2. ¿Qué frase haría que el texto fuera de fantasía?

- Ⓐ que se envolvían como hiedra
- Ⓑ que destellaban de forma brillante
- Ⓒ que hacía que la persona que lo usaba se volviera invisible
- Ⓓ que se completaba cuando los anillos estaban uno al lado del otro

3. La palabra *lucía* es

- Ⓐ esdrújula.
- Ⓑ grave.
- Ⓒ sobreesdrújula.
- Ⓓ aguda.

4. ¿Cuál es un sinónimo de *totalmente*?

- Ⓐ feo
- Ⓑ completamente
- Ⓒ en parte
- Ⓓ ausente

5. ¿En qué punto de vista está relatada la historia?

- Ⓐ primera persona
- Ⓑ segunda persona
- Ⓒ tercera persona
- Ⓓ No hay punto de vista.

___ / 5
Total

NOMBRE:_____ FECHA:_____

ANGIE SALVA LA BODA

Era la mañana de la boda de mi hermana Diane. Todo el mundo iba de un lado a otro mientras se arreglaban para la ceremonia. Cuando llegamos a la iglesia, me di cuenta de que éramos los primeros allí.

—¿Por qué tenemos que estar aquí tan temprano? —pregunté.

—La fotógrafa nos tomará fotos a todos antes de la ceremonia, así que tenemos que estar listos —explicó mamá.

Pronto las damas de honor y los padrinos llegaron, y la fotógrafa se puso a trabajar. ¡Les tomó fotos a todos! Las fotografías al fin estaban listas, y era casi la hora de comenzar la ceremonia. De repente, oí una voz que decía: "¡No puedo encontrarlos en ninguna parte!".

Era Pete, el prometido de Diane. Corrí a toda velocidad hacia Pete para ver qué había pasado. Cuando le pregunté, me dijo:

—Creí que tenía los anillos de boda conmigo, Angie. Pero acabo de buscarlos en mi bolsillo y no puedo encontrarlos. ¡Diane estará furiosa!

—Podría ayudarte a buscarlos —le sugerí. Pete me agradeció y dijo que sería de gran ayuda.

Mi búsqueda comenzó en el automóvil de Pete, pero no vi nada en el asiento del conductor de Pete. Mi siguiente parada fue un parque pequeño al otro lado de la calle. La fotógrafa había tomado algunas fotos allí. Tal vez a Pete se le habían caído los anillos allí. Busqué por todo el suelo, pero no pude encontrarlos. Por último, regresé adentro y encontré a la fotógrafa. Le pregunté si le había tomado más fotografías a Pete.

—Les tomé fotografías a él y a los padrinos cerca de esa mesa —respondió.

Fui hacia la mesa. No había nada sobre la mesa, pero tuve una idea. ¿Si los anillos se habían caído de la mesa? Me agaché y miré debajo de la mesa. ¡Ahí estaban! Los tomé y se los llevé a Pete justo a tiempo para la ceremonia. Pete dijo: "¡Angie, salvaste el día!".

NOMBRE: _____ **FECHA:** _____

Lee "Angie salva la boda" y luego responde las preguntas.

PUNTAJE

1. El título indica que esta historia es sobre

(A) algo en la escuela.

(B) algo que ocurre en una boda.

(C) un viaje en automóvil.

(D) una mudanza a otra ciudad.

2. ¿Cuál es el propósito de leer este texto?

(A) entretenerse, ver cómo un personaje maneja un conflicto

(B) entretenerse, ver cómo un personaje maneja una solución

(C) informarse, y especialmente aprender sobre bodas

(D) informarse, y especialmente aprender sobre fotografía

3. ¿En qué lugar Angie no busca los anillos?

(A) en el automóvil de Pete

(B) en el vestidor de Diane

(C) debajo de una mesa

(D) en un parque

4. ¿Cómo se siente probablemente Angie cuando encuentra los anillos?

(A) molesta

(B) celosa

(C) asustada

(D) orgullosa

5. ¿Es razonable la estrategia de Angie para encontrar los anillos perdidos?

(A) Sí, fue una buena estrategia porque revisó en todos los lugares en los que estuvo Pete.

(B) Sí, pero no necesitaba buscar debajo de la mesa ni en el auto.

(C) No, tuvo suerte de haberlos encontrado.

(D) No, debió preguntarle a Pete dónde los dejó.

6. Al final, Angie aprende

(A) a ser agresiva y a trabajar rápido.

(B) que esperar a que un problema se solucione por sí solo es lo mejor.

(C) que permanecer tranquila y analizar una situación es de mucha ayuda.

(D) mucho sobre anillos de boda y lo fácil que es perderlos.

1. (S)(N)

2. (S)(N)

3. (S)(N)

4. (S)(N)

5. (S)(N)

6. (S)(N)

___ / 6

Total

NOMBRE:_____ FECHA:_____

PUNTAJE

___ / 4

INSTRUCCIONES Vuelve a leer "Angie salva la boda". Luego, lee la instrucción y responde en las líneas a continuación.

¿Alguna vez has estado en una boda? ¿Cómo fue? Si nunca has estado en una boda, ¿a qué tipo de boda te gustaría asistir? Escribe sobre eso.

_____

_____

_____

_____

_____

_____

_____

_____

_____

_____

_____

_____

_____

_____

_____

NOMBRE:_____ **FECHA:**_____

INSTRUCCIONES   Lee el texto y luego responde las preguntas.

Algunas cosas que quieres tener no son demasiado costosas y no necesitas tener mucho dinero para comprarlas. Pero otras cosas cuestan más dinero, así que necesitas ahorrar para esas cosas. Por ejemplo, supón que quieres una nueva computadora o bicicleta. Necesitas ahorrar dinero para esas cosas porque son muy costosas. Podrías guardar tu dinero en un lugar especial en tu habitación, pero puedes perderlo. También puedes gastarlo en lugar de ahorrarlo. Por lo tanto, no podrías comprar lo que quieres. Es por eso que muchas personas guardan el dinero en una cuenta bancaria. Una cuenta bancaria es una buena forma de guardar tu dinero. No perderás el dinero si lo guardas en el banco. No olvidarás guardar tu dinero si está en el banco.

1. Ⓢ Ⓝ

2. Ⓢ Ⓝ

3. Ⓢ Ⓝ

4. Ⓢ Ⓝ

5. Ⓢ Ⓝ

___ / 5
Total

1. ¿Cuál es un lugar seguro para guardar dinero?

Ⓐ debajo de la cama

Ⓑ en el congelador

Ⓒ en una cuenta bancaria

Ⓓ en un estante

2. ¿Qué oración capta mejor la idea principal?

Ⓐ Por ejemplo, supón que quieres una nueva computadora o bicicleta.

Ⓑ Pero otras cosas cuestan más dinero, así que necesitas ahorrar para esas cosas.

Ⓒ Es por eso que muchas personas guardan el dinero en una cuenta bancaria.

Ⓓ No olvidarás guardar tu dinero si está en el banco.

3. ¿Cuál es la raíz de *costoso*?

Ⓐ co

Ⓑ to

Ⓒ costos

Ⓓ cost

4. El opuesto de *olvidar* es

Ⓐ recordar.

Ⓑ guardar.

Ⓒ comprar.

Ⓓ costoso.

5. Este texto es probablemente

Ⓐ una biografía sobre dinero.

Ⓑ un libro infantil sobre inversiones.

Ⓒ una colección de poemas relacionados con el dinero.

Ⓓ una fábula que representa a cajeros de un banco.

NOMBRE:_____ FECHA:_____

PUNTAJE

1. Ⓢ Ⓝ

2. Ⓢ Ⓝ

3. Ⓢ Ⓝ

4. Ⓢ Ⓝ

5. Ⓢ Ⓝ

____/ 5
Total

INSTRUCCIONES Lee el texto y luego responde las preguntas.

Los bancos hacen muchas cosas diferentes. Una cosa que los bancos hacen es guardar el dinero de forma segura. Cuando pones el dinero en una cuenta bancaria, está seguro. Estará listo cuando lo desees. Los bancos también hacen préstamos. Algunas veces, las personas necesitan comprar cosas que son más costosas que los objetos cotidianos. Por ejemplo, imagina que tus padres quieren comprar un automóvil; el banco les puede prestar el dinero. El banco les cobra a tus padres dinero por el préstamo. Ese dinero se llama *interés*. Tus padres también pagan y devuelven ese interés. ¿De dónde obtiene el banco el dinero para los préstamos? De las personas que tienen dinero en cuentas bancarias. El banco usa el dinero de sus clientes para hacer préstamos. Cuando la gente paga sus préstamos, el banco pone el dinero de sus clientes de vuelta en los cuentas. El banco les paga por usar su dinero. Esto también se llama interés.

1. ¿En qué orden tiene más sentido un diagrama?

Ⓐ retiras dinero del banco, lo gastas, liberas el dinero del banco

Ⓑ depositas dinero en el banco, le pides prestado dinero al banco, el banco te paga dinero adicional

Ⓒ depositas dinero en el banco, el banco te pide prestado tu dinero, el banco te paga menos dinero

Ⓓ depositas dinero en el banco, el banco te pide prestado tu dinero, el banco te paga más dinero

2. ¿Qué te ayudaría a encontrar el significado de la palabra *interés*?

Ⓐ una tabla de contenido

Ⓑ un apéndice

Ⓒ la introducción

Ⓓ ninguna de las opciones anteriores

3. *Clientes* tiene

Ⓐ tres sílabas.

Ⓑ dos sílabas.

Ⓒ cuatro sílabas.

Ⓓ ninguna de las opciones anteriores

4. ¿Cuál es un antónimo de *prestar*?

Ⓐ pedir un préstamo

Ⓑ dar

Ⓒ adelantar

Ⓓ comenzar

5. ¿Cuál es el propósito del autor?

Ⓐ informar

Ⓑ persuadir

Ⓒ instruir

Ⓓ entretener

 126832—180 Days of Reading—Spanish

NOMBRE: _____ **FECHA:** _____

Lee el texto y luego responde las preguntas.

PUNTAJE

Los bancos son lugares seguros para guardar dinero, pero la mayoría de las personas no quiere ir al banco cada vez que necesita dinero. Más bien, muchas personas prefieren usar tarjetas de débito. Aquí te presentamos cómo funciona una tarjeta de débito. Supón que vas de compras y quieres comprarte una camisa bonita. Cuando es tu turno de pagar, deslizas tu tarjeta de débito en un lector de tarjetas. El lector de tarjetas toma dinero de tu cuenta bancaria. Transfiere ese dinero a la cuenta de la tienda. También puedes obtener efectivo con la tarjeta de débito. Para hacerlo, usas un cajero automático. Insertas tu tarjeta de débito en el cajero automático. Este saca dinero de tu cuenta bancaria. Luego, te da el dinero en efectivo. Los cajeros automáticos y los lectores de tarjetas funcionan muy rápido. Todo ocurre en segundos.

1. Ⓢ Ⓝ

2. Ⓢ Ⓝ

3. Ⓢ Ⓝ

4. Ⓢ Ⓝ

5. Ⓢ Ⓝ

___ / 5

Total

1. ¿Qué pregunta ayudaría mejor a que un lector entendiera este texto?

Ⓐ ¿Cómo las tarjetas de débito de la gente se conectan con sus cuentas bancarias?

Ⓑ ¿Qué tan grandes son las tarjetas de débito y cuánto pesan?

Ⓒ ¿Dónde una persona puede encontrar un cajero automático?

Ⓓ ¿Qué porcentaje de personas prefiere usar tarjetas de débito?

2. ¿Qué entrada de índice ayudaría a un lector a ubicar el texto?

Ⓐ consejos sobre tarjetas de crédito

Ⓑ comprar ropa

Ⓒ cosas que ocurren rápido

Ⓓ el uso de las tarjetas de crédito y débito

3. ¿Qué palabra **no** tiene un sufijo?

Ⓐ tu

Ⓑ rápidamente

Ⓒ bancaria

Ⓓ ocurren

4. Otra manera de decir *preferir* es

Ⓐ no saber cómo hacer algo.

Ⓑ tenerle miedo a algo.

Ⓒ escoger algo en lugar de otra cosa.

Ⓓ no gustarte algo.

5. Este texto es probablemente

Ⓐ un texto autobiográfico sobre el presidente.

Ⓑ un programa de teatro.

Ⓒ un texto expositivo sobre el uso de computadoras.

Ⓓ una novela de fantasía sobre vampiros.

NOMBRE:_____ FECHA:_____

¡PON AL BANCO A TRABAJAR!

Los bancos son muy importantes en nuestras vidas. ¿Por qué? ¿Cómo llegaron a ser tan importantes? Hace mucho tiempo, la gente tenía que intercambiar cosas para conseguir lo que quería; ahora, las personas usan dinero. Pero no es una buena idea guardar mucho dinero en casa. Una de las razones es que puedes perderlo. Y si pierdes tu dinero en alguna parte, alguien puede tomarlo. Es por eso que la mayoría de la gente guarda el dinero en bancos.

Existen numerosos tipos de cuentas bancarias, pero la mayoría de las personas tiene cuentas de ahorro y cuentas corrientes. Las personas usan las cuentas de ahorro para ahorrar para cosas grandes. Puedes usar una cuenta de ahorro para ahorrar para la universidad, unas vacaciones o un automóvil. Las personas usan cuentas corrientes para pagar facturas y comprar alimentos y otras cosas que necesitan.

Sin embargo, los bancos no dejan el dinero de la gente en solo un lugar. Usan ese dinero para hacerles préstamos a otras personas. La gente obtiene préstamos cuando necesita comprar algo costoso. Puedes obtener un préstamo para comprar un automóvil. Los bancos cobran intereses por esos préstamos. Cuando las personas pagan sus préstamos, también pagan el interés. Así es como los bancos obtienen dinero.

¿Tienes una cuenta bancaria? Si es así, ¡entonces también obtienes dinero! ¿Cómo sucede eso? El banco usa tu dinero para hacer préstamos. También usa el dinero que otras personas guardan en el banco. El banco te paga intereses por usar ese dinero. ¿Tu dinero siempre está ahí cuando lo necesitas? ¡Sí! Muchas personas guardan el dinero en el banco. Y las personas pagan sus préstamos. Así que el banco siempre tiene mucho dinero. Cuando estás listo para retirar tu dinero, este está preparado para ti. Cuanto más dinero tengas en el banco, más serán los intereses que obtendrás.

Los bancos han cambiado mucho a lo largo de los años. En la actualidad, muchas personas usan tarjetas de débito en lugar de efectivo. También usan banca en línea. Ahora, las personas pueden usar el banco en cualquier momento que lo deseen.

NOMBRE:_____ **FECHA:**_____

Vuelve a leer "¡Pon al banco a trabajar!" y luego responde las preguntas.

PUNTAJE

1. Después de leer este texto, un lector sabrá

(A) más sobre bancos.

(B) más sobre cuentas bancarias.

(C) más sobre préstamos y cuándo usarlos.

(D) todas las opciones anteriores

2. Probablemente el autor escribió esto

(A) para hablar sobre historia.

(B) para contar una historia personal.

(C) para hacer que compres algo.

(D) para hablar sobre cómo funcionan los bancos.

3. ¿Cómo consiguen dinero los bancos?

(A) Muchas personas usan banca en línea.

(B) Te dan intereses.

(C) Cobran intereses cuando hacen préstamos.

(D) Muchas personas usan tarjetas de débito.

4. El autor propone que la gente guarde el dinero en un banco para

(A) mantenerlo seguro y pagar intereses por su dinero.

(B) mantenerlo seguro y obtener intereses por su dinero.

(C) ayudar a los bancos para que no dejen de funcionar.

(D) mantenerlo seguro, pero que además tengan una alcancía.

5. ¿Por qué pondrías dinero en una cuenta de ahorros?

(A) para unas vacaciones

(B) para la factura del teléfono

(C) para alimentos

(D) para un par de medias

6. ¿Cuál es la idea principal?

(A) Las personas piden préstamos cuando necesitan un automóvil.

(B) Nunca saques dinero del banco.

(C) Los bancos ayudan a las personas con ahorros y préstamos.

(D) Es mejor intercambiar cosas que usar dinero.

1. (S)(N)

2. (S)(N)

3. (S)(N)

4. (S)(N)

5. (S)(N)

6. (S)(N)

___ / 6
Total

PUNTAJE

___ / 4

NOMBRE:_____ **FECHA:**_____

INSTRUCCIONES Vuelve a leer "¡Pon al banco a trabajar!". Luego, lee la instrucción y responde en las líneas a continuación.

¿Tienes una cuenta bancaria? ¿Estás ahorrando para algo especial? Escribe sobre para qué estás ahorrando o para qué te gustaría ahorrar.

_____

_____

_____

_____

_____

_____

_____

_____

_____

_____

_____

_____

_____

_____

_____

NOMBRE:_____ **FECHA:**_____

INSTRUCCIONES   Lee el texto y luego responde las preguntas.

PUNTAJE

Alex caminaba a la escuela todas las mañanas. Pasaba por numerosas tiendas camino a la escuela, pero una de las tiendas más interesantes era un negocio de videojuegos llamado GameBegin. A Alex le encantaban los videojuegos, así que a veces se detenía en la tienda. Un día, vio un juego nuevo llamado *Time Travel*. Alex estaba emocionado: ¡el juego parecía tan divertido! Decidió que quería el juego. Pero era costoso, y Alex sabía que sus padres no le comprarían un juego tan costoso. Tendría que ahorrar dinero. Pero le tomaría tiempo ahorrar el dinero, y Alex temía que la tienda ya no tuviera el juego una vez que estuviera listo para comprarlo. Luego, Alex tuvo una idea. "Mi cumpleaños se acerca; será el mes que viene —pensó—. Pediré el juego como regalo de cumpleaños, y entonces mamá y papá lo comprarán para mí".

1. Ⓢ Ⓝ

2. Ⓢ Ⓝ

3. Ⓢ Ⓝ

4. Ⓢ Ⓝ

1. ¿Qué juego decide comprar Alex?

Ⓐ GameBegin

Ⓑ Expensive Game

Ⓒ Time Travel

Ⓓ todas las opciones anteriores

2. El diálogo en el texto muestra que Alex es

Ⓐ cuidadoso.

Ⓑ alguien esperanzado.

Ⓒ astuto.

Ⓓ sofisticado.

3. La palabra *costoso* tiene

Ⓐ dos sílabas

Ⓑ tres sílabas

Ⓒ cuatro sílabas

Ⓓ una sílaba

4. *Numerosas* significa

Ⓐ algunas.

Ⓑ una.

Ⓒ muchas.

Ⓓ más que algunas.

5. En este texto, *se acerca* significa

Ⓐ lejano.

Ⓑ de visita.

Ⓒ se levanta.

Ⓓ a punto de ocurrir.

5. Ⓢ Ⓝ

___ / 5

Total

NOMBRE:_____ FECHA:_____

PUNTAJE

INSTRUCCIONES   Lee el texto y luego responde las preguntas.

1. Ⓢ Ⓝ

2. Ⓢ Ⓝ

3. Ⓢ Ⓝ

4. Ⓢ Ⓝ

5. Ⓢ Ⓝ

___ / 5
Total

    Alex y sus amigos se sentaron a la mesa en el comedor. La mesa estaba cubierta con una pila de regalos. Alex sabía exactamente qué regalo quería abrir primero. Lo sacó de la pila y rompió el papel de regalo.

    —¡Lo sabía! —gritó triunfante. El regalo era el videojuego llamado *Time Travel* que Alex había estado esperando durante un mes. Estaba ilusionado porque sabía que sus padres se lo regalarían. Les agradeció a sus padres y luego les pasó el juego a sus amigos para que también pudieran verlo.

    —Esto es asombroso —dijo Corey, el amigo de Alex—. He deseado este juego desde que salió. ¡Eres muy afortunado!

    —Ahora que lo tengo —dijo Alex—, puedes venir y los dos podemos jugar.

1. ¿Cuál sugiere que el texto ocurre en una fiesta de cumpleaños?

Ⓐ La mesa esta cubierta con una pila de regalos.

Ⓑ —¡Lo sabía! —gritó triunfante.

Ⓒ Alex y sus amigos se sentaron a la mesa en el comedor.

Ⓓ —Ahora que lo tengo —dijo Alex—, puedes venir y los dos podemos jugar.

2. Esta historia ocurre

Ⓐ en el desayuno.

Ⓑ en la escuela.

Ⓒ en una fiesta de cumpleaños.

Ⓓ en una tienda de videojuegos.

3. ¿Cuál es el lexema de *comedor*?

Ⓐ edor

Ⓑ com

Ⓒ dor

Ⓓ come

4. ¿Cuál es un sinónimo de *triunfante*?

Ⓐ serio

Ⓑ con dificultad

Ⓒ victorioso

Ⓓ alegre

5. *Rompió* indica que Alex está

Ⓐ aburrido con el regalo.

Ⓑ apurado para abrir el regalo.

Ⓒ asustado por ver el regalo.

Ⓓ desinteresado en ver el regalo.

NOMBRE:_____ **FECHA:**_____

INSTRUCCIONES Lee el texto y luego responde las preguntas.

Alex y su amigo, Corey, estaban jugando el videojuego de Alex llamado *Time Travel*. La hermana menor de Alex, Pam, entró en la habitación.

—¿Qué están haciendo, chicos? ¿Puedo jugar también? —preguntó.

—Estamos jugando *Time Travel* —Alex dijo entre dientes. No quería tener una conversación con Pam. Y no quería que Pam jugara el juego.

—¿De qué se trata *Time Travel*? —preguntó ella—. ¿Cómo se juega?

—Tienes que sobrevivir en tiempos prehistóricos —respondió Alex—. Si no eres cuidadoso, los dinosaurios atacan y luego pierdes.

—Olvídenlo —dijo Pam—. Se oye muy aburrido. Prefiero jugar al fútbol.

PUNTAJE

1. Ⓢ Ⓝ

2. Ⓢ Ⓝ

3. Ⓢ Ⓝ

4. Ⓢ Ⓝ

5. Ⓢ Ⓝ

___ / 5
Total

1. ¿Por qué Pam decide que no quiere jugar con Alex y Corey?

Ⓐ porque están jugando un juego aburrido

Ⓑ porque no le cae bien Corey

Ⓒ porque no sabe cómo jugar el juego

Ⓓ porque le gusta el fútbol

2. ¿Cuál es el escenario más probable?

Ⓐ la sala de estar de los padres de Alex

Ⓑ un salón recreativo

Ⓒ la escuela

Ⓓ una biblioteca pública

3. La palabra *dientes* tiene

Ⓐ dos sílabas

Ⓑ una sílaba

Ⓒ tres sílabas

Ⓓ cuatro sílabas

4. La raíz en *brevemente* es

Ⓐ mente.

Ⓑ bre.

Ⓒ brev.

Ⓓ evemente.

5. Las palabras *entre dientes* nos indican que Alex está

Ⓐ gritando.

Ⓑ riendo.

Ⓒ hablando con claridad.

Ⓓ hablando en voz baja.

NOMBRE:_____ **FECHA:**_____

ES SOLO UN JUEGO...

Un día, Alex y su amigo, Corey, decidieron visitar Juegos y Algo Más, una tienda de videojuegos cerca de su escuela. Ahí encontraron todo tipo de juegos.

—Estos juegos son estupendos —dijo Alex—. Desearía tener cada uno de ellos.

—Lo sé —respondió Corey—. El que más quiero es *Time Travel*. Me encanta jugarlo.

—Es un juego maravilloso —dijo Alex—. Y oí que saldrá en otra versión.

Durante un rato, los dos niños miraron la sección de juegos. Luego, Alex notó que la tienda tenía un nuevo sistema de juegos en exhibición. Dio unas vueltas para echarle un vistazo. Mientras Alex miraba el sistema de juegos, Corey aún seguía mirando los juegos. Vio algunas copias de *Time Travel* justo en frente de él. Si tomaba solo una, nadie lo notaría. Alex se dio vuelta y vio que Corey tomaba una copia del juego y la metía en su chaqueta. Corrió hacia su amigo.

—¿Qué estás haciendo? —le dijo enojado.

—Chitón! —insistió Corey—. Nadie se dará cuenta de nada.

—¡No puedes tomar ese juego! Eso es robar y te meterás en serios problemas.

—Alex, vamos —insistió Corey—. Es solo un juego. Nadie se dará cuenta de nada. Además, nunca podría pagarlo yo mismo.

—Olvídalo, Corey —le dijo Alex—. No dejaré que robes. Ahora, devuélvelo o llamaré al gerente.

—¿En verdad harás eso? —preguntó Corey.

—Por supuesto que lo haré. ¡Devuelve el juego!

Los dos niños se miraron fijamente el uno al otro durante lo que parecieron ser horas. Finalmente, Corey metió la mano en su bolsillo, sacó el juego y lo puso de nuevo en el lugar al que pertenecía. Luego, dijo:

—De verdad lo siento. Casi cometo un gran error.

—Sí... casi lo haces. Pero sí es un juego asombroso. Te lo prestaré.

NOMBRE:_____ **FECHA:**_____

Lee "Es solo un juego..." y luego responde las preguntas.

PUNTAJE

1. Luego de leer el texto, un lector será capaz de

Ⓐ robar videojuegos.

Ⓑ considerar lo que está bien y lo que está mal.

Ⓒ esconder cosas de sus amigos.

Ⓓ argumentar sobre por qué robar a veces está bien.

2. El autor probablemente escribió esto para

Ⓐ mostrarle a una audiencia una buena forma de resolver un conflicto *sobre lo que está bien y lo que está* mal.

Ⓑ mostrarle a una audiencia cómo controlar e ignorar a tus amigos.

Ⓒ mostrarle a una audiencia cómo discutir y siempre tener razón.

Ⓓ entretener a una audiencia con una historia divertida antes del recreo.

3. ¿Qué predices que pasará después?

Ⓐ Alex tomará un videojuego.

Ⓑ Corey no será amigo de Alex.

Ⓒ Alex le dirá al gerente lo que Corey hizo.

Ⓓ Alex y Corey jugarán *Time Travel* en la casa de Alex.

4. El conflicto en este texto es entre

Ⓐ Alex y él mismo.

Ⓑ Corey y el gerente de la tienda.

Ⓒ Alex y el gerente de la tienda.

Ⓓ Alex y Corey.

5. ¿Por qué crees que Alex detiene a Corey cuando quiere tomar el juego?

Ⓐ No ve que Corey tome el videojuego.

Ⓑ Quiere el juego para él.

Ⓒ No quiere que su mejor amigo sea un ladrón.

Ⓓ No quiere tomar el juego.

6. Este texto es un ejemplo de una situación _____.

Ⓐ ética

Ⓑ sobre una tienda de videojuegos

Ⓒ divertida

Ⓓ milagrosa

1. ⓈⓃ

2. ⓈⓃ

3. ⓈⓃ

4. ⓈⓃ

5. ⓈⓃ

6. ⓈⓃ

___ / 6

Total

NOMBRE:_____ FECHA:_____

PUNTAJE

___ / 4

INSTRUCCIONES   Vuelve a leer "Es solo un juego...". Luego, lee la instrucción y responde en las líneas a continuación.

¿Qué harías si estuvieras en la situación de Alex? Explica qué harías.

_____

_____

_____

_____

_____

_____

_____

_____

_____

_____

_____

_____

_____

_____

_____

_____

NOMBRE:_____ FECHA:_____

Lee el texto y luego responde las preguntas.

PUNTAJE

   ¿De qué color tienes los ojos y el cabello? ¿Y la piel? ¿Cuánto mides?
El color de ojos, el color de cabello, el color de piel y la estatura son todos
atributos de tu apariencia, o de la forma en la que luces. Ahora, piensa en
las apariencias de tus amigos. Lucen diferente a ti. Tal vez tienen los ojos, el
cabello o la piel de un color diferente al tuyo. ¿Cómo ocurre eso y por qué luces
de la forma que luces? La respuesta es a causa de los genes, que determinan
tu apariencia. Hay miles de genes en cada célula del cuerpo. Pero a pesar de
su tamaño, los genes son muy importantes. Los genes le indican al cuerpo de
qué color tendrás los ojos, el cabello y la piel. Determinan tu estatura y explican
por qué todos lucen diferentes. Cada uno tiene su propio conjunto de genes.

1. Ⓢ Ⓝ

2. Ⓢ Ⓝ

3. Ⓢ Ⓝ

4. Ⓢ Ⓝ

1. ¿Qué determina el color de
ojos de una persona?

Ⓐ el color de piel

Ⓑ los genes

Ⓒ un abuelo

Ⓓ el lugar en el que nació una
persona

2. ¿Cuál resume el texto?

Ⓐ Todos lucen diferente a causa
de su color de ojos.

Ⓑ Los genes controlan nuestra
apariencia, pero en realidad no
son importantes.

Ⓒ Los genes controlan nuestra
apariencia y cada persona tiene
su propio conjunto de genes.

Ⓓ Los genes son muy pequeños;
hasta una hormiga es más
grande que ellos.

3. La palabra *genes* tiene

Ⓐ una sílaba.

Ⓑ cuatro sílabas.

Ⓒ tres sílabas.

Ⓓ dos sílabas.

4. Según el contexto del texto,
determinar significa

Ⓐ que no te gusta algo.

Ⓑ discutir y decidir.

Ⓒ que te guste cómo será algo.

Ⓓ controlar los límites de algo.

5. ¿Cuál es el propósito del autor?

Ⓐ entretener

Ⓑ informar

Ⓒ persuadir

Ⓓ dar instrucciones

5. Ⓢ Ⓝ

___ / 5
Total

NOMBRE:_____ FECHA:_____

Lee el texto y luego responde las preguntas.

PUNTAJE

1. Ⓢ Ⓝ

2. Ⓢ Ⓝ

3. Ⓢ Ⓝ

4. Ⓢ Ⓝ

5. Ⓢ Ⓝ

___ / 5
Total

> Aunque los genes son extremadamente pequeños, hacen mucho trabajo. De hecho, tienes miles de genes. Cada gen tienen su propio trabajo especial. Por ejemplo, piensa en tus ojos: ¿son marrones, azules, verdes, una mezcla o de algún otro color? Tal vez son grises, o quizás cambian de color según tu estado de ánimo. Tienes un gen especial que determina de qué color serán los ojos. Otro gen controla el color de piel. Puedes tener piel clara o piel muy oscura. Sin importar el color de la piel, existe un gen único que le indica al cuerpo el color de piel que tendrás. ¡Tus genes hasta le indican al cuerpo si tendrás pecas! También hay un gen especial a cargo de la estatura. Le indica al cuerpo qué tan alto serás cuando crezcas. Tus genes trabajan juntos para hacerte lucir de la forma que luces.

1. ¿Cuál no está determinado por los genes de una persona?

Ⓐ el color de ojos

Ⓑ el color de camiseta

Ⓒ el color de piel

Ⓓ el color del cabello

2. ¿Qué título va mejor con este texto?

Ⓐ La descripción de mi cuerpo

Ⓑ Estatura

Ⓒ Soy alto

Ⓓ Tus genes y tú

3. ¿Cuál es un sinónimo de *controlar*?

Ⓐ señalar

Ⓑ estatura

Ⓒ dominar

Ⓓ crecer

4. ¿Cuál es otra manera de decir *cuánto mides*?

Ⓐ estatura

Ⓑ los genes

Ⓒ color de ojos

Ⓓ pecas

5. La palabra *marrón* es

Ⓐ esdrújula.

Ⓑ sobreesdrújula.

Ⓒ aguda.

Ⓓ grave.

 126832—180 Days of Reading—Spanish

NOMBRE:_____ **FECHA:**_____

INSTRUCCIONES Lee el texto y luego responde las preguntas.

¿De dónde vienen tus genes y cómo los obtienes? Obtienes tus genes de tus padres. Piensa en las características físicas de tu mamá y tu papá. Ambos padres tienen miles de genes. Tus padres te transmitieron copias de sus genes cuando naciste. La mitad de tus genes viene de tu mamá y la otra mitad proviene de tu papá. Por ejemplo, cada padre te da un gen para el color de ojos. Si ambos padres te transmiten un gen de ojos marrones, entonces tú también tendrás ojos marrones. Pero supón que tu mamá te transmitió un gen de ojos azules y tu papá te dio un gen de ojos marrones. El gen de ojos marrones es el gen dominante, así que tus ojos serán marrones. Aun así, recibiste un gen de color de ojos de cada padre.

1. Ⓢ Ⓝ

2. Ⓢ Ⓝ

3. Ⓢ Ⓝ

4. Ⓢ Ⓝ

5. Ⓢ Ⓝ

1. ¿De dónde vienen los genes de una persona?

Ⓐ todos de la madre

Ⓑ la mitad de cada padre

Ⓒ todos del padre

Ⓓ la mitad de dos abuelos

2. ¿Qué entrada de índice ayudaría a un lector a ubicar el texto?

Ⓐ ojos azules

Ⓑ caracteres en el tiempo

Ⓒ tus padres

Ⓓ genes combinados

3. ¿Cuál es la sílaba tónica en la palabra *dominante*?

Ⓐ la tercera sílaba

Ⓑ la segunda sílaba

Ⓒ la primera sílaba

Ⓓ ninguna de las opciones anteriores

4. ¿Cuál es el antónimo de *ambos*?

Ⓐ algunos

Ⓑ ninguno

Ⓒ uno

Ⓓ cada

5. El término *características físicas* significa

Ⓐ como luce una persona.

Ⓑ qué piensa una persona.

Ⓒ el carácter de una persona.

Ⓓ elementos físicos que tienen carácter.

___ / 5

Total

NOMBRE:_____ **FECHA:**_____

TODO ESTÁ EN LOS GENES

¿Qué tienes en común con una calabaza, un panda y un sabueso? La respuesta son los genes. Todos los seres vivos tienen genes. El conjunto de genes para cada ser vivo es diferente. Es por eso que no luces igual que tus amigos. También por eso no luces como una calabaza, un panda o un sabueso. Tus genes son únicos para ti. Están a cargo de tu color de ojos, tu color de cabello y tu estatura. Son parte de lo que te hace ser la persona que eres.

Las calabazas también tienen genes. Los genes de las calabazas están a cargo de la forma y el color de la calabaza. Están a cargo de la forma de sus hojas. Hay genes en cada semilla de calabaza. Le indican a la semilla que se convertirá en una calabaza. Si plantas una semilla de calabaza, se convertirá en una calabaza, y no en un roble. Eso ocurre porque la semilla tiene genes de calabaza en ella.

¿Qué hay de los pandas? Los pandas también tienen genes. Esos genes le indican al cuerpo del panda que tendrá pelaje negro y blanco. También le indican al cuerpo del panda que tendrá orejas negras y círculos negros alrededor de los ojos. Las madres y los padres panda tienen orejas negras y círculos negros alrededor de los ojos. Tienen pelaje negro y blanco. Les transmiten esos genes a sus crías, igual que tus padres te transmitieron sus genes.

¿Alguna vez has visto un sabueso? Los sabuesos tienen orejas caídas y largas, cuerpos alargados y patas cortas. También tienen un excelente sentido del olfato. ¿Cómo un sabueso obtiene esas orejas caídas, ese cuerpo alargado y ese sentido del olfato? Los genes a cargo de la forma de su cuerpo hacen que sea alargado e inclinado hacia el suelo. El buen sentido del olfato del sabueso también viene de los genes. El sabueso es solo una raza de perro con sus propios genes especiales. Otras razas de perro tienen genes diferentes. Por eso los sabuesos no lucen como los golden retrievers. Cada ser vivo tiene sus propios genes especiales.

NOMBRE:_____ **FECHA:**_____

Lee "Todo está en los genes" y luego responde las preguntas.

PUNTAJE

1. Un lector puede predecir que los sabuesos tendrán

Ⓐ cachorros con piernas largas.

Ⓑ cachorros que no tienen orejas caídas.

Ⓒ cachorros que no tienen un buen sentido del olfato.

Ⓓ cachorros que lucen como sus padres.

2. ¿Cuál es el propósito del autor?

Ⓐ indicar cómo los genes hacen que los seres vivos sean diferentes

Ⓑ lograr que adoptes un sabueso

Ⓒ indicar cómo crecen las calabazas

Ⓓ decirte dónde puedes ver pandas

3. ¿Qué enunciado es verdadero?

Ⓐ Solo algunos seres vivos tienen genes.

Ⓑ Todos los perros tienen los mismos genes.

Ⓒ Cada ser vivo tiene genes únicos.

Ⓓ Los niños tienen los mismos genes que sus padres.

4. ¿De dónde vienen los genes?

Ⓐ padres

Ⓑ calabazas

Ⓒ pandas

Ⓓ sabuesos

5. ¿Cuál **no** tiene genes?

Ⓐ agua

Ⓑ perros

Ⓒ ballenas

Ⓓ catarinas

6. ¿Cuál es un buen resumen de este texto?

Ⓐ Las calabazas y los pandas no lucen igual.

Ⓑ Cada ser vivo tiene genes, y cada uno tiene sus propios genes especiales.

Ⓒ Las madres y los padres panda les transmiten sus genes a sus bebés.

Ⓓ Tus genes determinan tu color de cabello, tu color de ojos y tu estatura.

1. Ⓢ Ⓝ

2. Ⓢ Ⓝ

3. Ⓢ Ⓝ

4. Ⓢ Ⓝ

5. Ⓢ Ⓝ

6. Ⓢ Ⓝ

___ / 6
Total

NOMBRE:_____ FECHA:_____

PUNTAJE

___ / 4

INSTRUCCIONES Vuelve a leer "Todo está en los genes". Luego, lee la instrucción y responde en las líneas a continuación.

¿De dónde obtuviste tu color de ojos? ¿El color de cabello? ¿El color de piel? ¿La estatura? ¿Te pareces más a tu papá? ¿Te pareces más a tu mamá? Escribe sobre cómo tus genes determinan la manera en la que luces.

_____

_____

_____

_____

_____

_____

_____

_____

_____

_____

_____

_____

_____

_____

_____

_____

NOMBRE:_____ **FECHA:**_____

INSTRUCCIONES   Lee el texto y luego responde las preguntas.

Era una hermosa tarde de otoño. Tricia decidió volver a casa desde la escuela por una nueva ruta. Por lo general, caminaba a casa por la ruta más directa: tres cuadras hacia el sur y ocho cuadras hacia el oeste. Pero hoy, el día era demasiado hermoso para ir directo a casa. Esta vez, fue dos cuadras hacia el norte y luego ocho cuadras hacia el oeste. Tricia estaba a punto de girar hacia el sur para ir a casa cuando vio un riachuelo con un pequeño hilo de agua que corría a través de él en el lado izquierdo de la calle. Tricia cruzó la calle y fue hacia la orilla del riachuelo. Miró hacia arriba y hacia abajo de la orilla, pero no vio a nadie cerca. Tricia pensó: "Nunca supe que había un riachuelo aquí. Es difícil creer que hay un riachuelo en medio de la ciudad".

1. La primera oración sugiere que

(A) este será un texto ficticio.

(B) este será un texto expositivo.

(C) este será un texto científico.

(D) este texto será una biografía.

2. Tricia se entera de que en la ruta diferente a casa

(A) hay más árboles.

(B) hay en estanque.

(C) hay un riachuelo.

(D) hay menos árboles.

3. ¿Qué palabra tiene los mismos sonidos vocálicos que *a través*?

(A) bloquear

(B) escasez

(C) riachuelo

(D) pensó

4. ¿Cuál es un sinónimo de *ruta*?

(A) camino

(B) riachuelo

(C) calle

(D) cuadra

5. ¿Qué significa la *ruta más directa*?

(A) el camino más largo

(B) el camino más inmediato

(C) el camino más bonito

(D) el camino más barato

1. Ⓢ Ⓝ

2. Ⓢ Ⓝ

3. Ⓢ Ⓝ

4. Ⓢ Ⓝ

5. Ⓢ Ⓝ

___ / 5

Total

NOMBRE:_____ FECHA:_____

INSTRUCCIONES
Lee el texto y luego responde las preguntas.

PUNTAJE

1. Ⓢ Ⓝ

2. Ⓢ Ⓝ

3. Ⓢ Ⓝ

4. Ⓢ Ⓝ

5. Ⓢ Ⓝ

___ / 5
Total

> Tricia acababa de encontrar un riachuelo cerca de su casa. Le gustaba sentarse en la orilla del riachuelo. El musgo verde que Tricia usaba como asiento era tan suave como el terciopelo y muy cómodo. Desde su asiento de terciopelo, Tricia podía observar el riachuelo. Podía ver los árboles en las orillas del riachuelo mientras se mecían con suavidad con la brisa. Estaban perdiendo sus hojas naranjas, rojas y amarillas. A Tricia le gustaba ver el agua del riachuelo y escucharla correr suavemente. Algunas veces, veía ranas allí. Una vez, vio una salamandra. También vio tortugas y muchos insectos. El riachuelo sonaba vivo con el ruido. Oía ranas que croaban. También oía insectos zumbantes. A veces, Tricia deseaba poder vivir en el riachuelo.

1. ¿Qué título se adaptaría mejor a este texto?

Ⓐ Orilla

Ⓑ Y también tortugas

Ⓒ Sentarse sobre algo suave

Ⓓ En el riachuelo

2. El escenario del texto es un riachuelo, pero también podría ser

Ⓐ una playa.

Ⓑ un estanque.

Ⓒ una escuela.

Ⓓ una fábrica.

3. ¿Cuál muestra la pronunciación correcta de *salamandra*?

Ⓐ [sal-a-mán-dra]

Ⓑ [sa-la-mán-dra]

Ⓒ [sa-la-mám-dra]

Ⓓ [sa-la-man-drá]

4. ¿Cuál es un sinónimo de *se mecían*?

Ⓐ se quedaban

Ⓑ se balanceaban

Ⓒ permanecían quietos

Ⓓ crecían

5. ¿Cuál de estos es un símil?

Ⓐ vivo con el ruido

Ⓑ tan suave como el terciopelo

Ⓒ ranas que croaban

Ⓓ en el riachuelo

NOMBRE: _____ **FECHA:** _____

INSTRUCCIONES Lee el texto y luego responde las preguntas.

Tricia decidió invitar a su amiga, Lisa, a ver el riachuelo que había encontrado. Un sábado, las dos niñas partieron hacia el lugar. Tricia no estaba segura de si a Lisa le gustaría el riachuelo, pero cuando llegaron allí, Lisa dijo: "¡Esto es hermoso! ¡Eres muy afortunada de haber encontrado este lugar!"

Tricia se sentía afortunada. En el riachuelo, podía mirar el agua y los animales y escuchar los sonidos que hacían. Hasta podía llevar un libro y leer. El riachuelo era muy tranquilo. A Lisa también le gustaba. Dijo:

—Deberíamos hacer un pícnic aquí. Podríamos traer nuestro almuerzo y pasar toda la tarde aquí. ¿Qué piensas?

—¡Espléndida idea! —respondió Tricia—. Hagamos planes para venir aquí el próximo fin de semana.

1. ⓢⓝ

2. ⓢⓝ

3. ⓢⓝ

4. ⓢⓝ

5. ⓢⓝ

___ / 5
Total

1. La primera oración sugiere que el texto es sobre

Ⓐ dos amigas que visitan un estanque y las cosas divertidas que hacen allí.

Ⓑ dos amigas que visitan un riachuelo y las actividades que hacen allí.

Ⓒ dos amigas que visitan una casa y que hacen pícnic allí.

Ⓓ dos amigas que visitan un riachuelo y que juegan en el columpio de cuerda que hay allí.

2. ¿Cómo se siente Lisa cuando Tricia la lleva al riachuelo?

Ⓐ aburrida

Ⓑ confundida

Ⓒ decepcionada

Ⓓ feliz

3. ¿Qué palabras tienen el mismo sufijo?

Ⓐ afortunada y sábado

Ⓑ maravilloso y hermoso

Ⓒ verdad y próximo

Ⓓ ninguna de las opciones anteriores

4. Un antónimo de espléndido es

Ⓐ estupendo.

Ⓑ normal.

Ⓒ radical.

Ⓓ inspirador.

5. En el texto, toda se refiere a

Ⓐ un lindo momento.

Ⓑ un período completo de tiempo.

Ⓒ un sándwich entero.

Ⓓ el comienzo de la tarde.

NOMBRE:_____ FECHA:_____

UN PÍCNIC MUY HÚMEDO

Un sábado, Tricia y su amiga, Lisa, fueron a su lugar favorito. Era un riachuelo que Tricia había encontrado. Las dos niñas tenían una mochila repleta de provisiones. Habían planeado un pícnic, y cada una había llevado algo para comer. Además de comida, Tricia llevó una cámara y una botella grande de agua. Lisa llevó agua, un bloc de papel y algunos bolígrafos.

Las niñas llegaron al riachuelo. Tricia sacó una suave manta azul de su mochila y luego sacó algunos sándwiches y dos manzanas verdes. Lisa abrió su mochila y sacó una banana y algunas galletas. Por un rato, las dos niñas comieron y bebieron sin conversar demasiado. Cuando terminaron, Tricia dijo: "Tomemos algunas fotos". Lisa estuvo de acuerdo, y caminaron por el riachuelo mientras estaban atentas a las cosas interesantes. Tomaron fotografías de lo que vieron. Tomaron fotografías de ranas y tortugas. Tomaron fotografías de una salamandra, las coloridas hojas y las innumerables flores que las rodeaban.

Luego, Tricia y Lisa decidieron dibujar sus entornos. Hicieron dibujos de lo que vieron. Dibujaron árboles y rocas. Dibujaron el agua. También dibujaron algunos de los animales. De repente, Lisa vio una gota que cayó sobre su hoja de papel. Luego, vio otra gota. Luego, cayó otra.

—Está comenzando a llover, Tricia —dijo Lisa con voz en pánico—. Debemos irnos o nos mojaremos.

—Bueno, guardemos —respondió Tricia. Las dos niñas rápidamente pusieron todo en sus mochilas. Ahora la lluvia caía más fuerte. Iban a tener que apurarse a casa. Se pusieron las mochilas y corrieron lo más rápido posible de regreso a casa de Tricia. Para entonces, la tormenta había empeorado. La lluvia azotaba las ventanas y los truenos retumbaban. Cuando llegaron a casa de Tricia, corrieron adentro, chorreando agua a su paso.

—¿Qué les pasó a ustedes dos? —preguntó la mamá de Tricia.

—Quedamos atrapadas en la lluvia torrencial —dijo boquiabierta Tricia.

La mamá de Tricia llevó toallas a las dos niñas y las ayudó con sus mochilas. Lisa y Tricia se miraron y se rieron.

—¡Al menos tomamos fotografías de nuestro picnic antes de que comenzara verdaderamente la lluvia fuerte! —Lisa dijo agradecida.

NOMBRE:_____ **FECHA:**_____

INSTRUCCIONES Lee "Un picnic muy húmedo" y luego responde las preguntas.

1. ¿Qué ocurre mientras las niñas están dibujando?

(A) Comienza a llover.

(B) La bebida de Lisa se vuelca.

(C) Una salamandra se acerca a ellas.

(D) Deciden tomar fotografías.

2. El propósito del texto es

(A) leer sobre la lluvia y el pasto mojado.

(B) leer sobre lo que es un picnic.

(C) leer una historia desde la perspectiva de un personaje.

(D) leer una historia desde la perspectiva de dos personajes diferentes.

3. ¿Qué podría ocurrir después?

(A) Lisa y Tricia irán al riachuelo.

(B) Lisa y Tricia se secarán con las toallas.

(C) Lisa y Tricia almorzarán.

(D) Lisa y Tricia dibujarán un árbol.

4. ¿Por qué crees que Tricia y Lisa corrieron lo más rápido posible?

(A) Llegan tarde a la cena.

(B) Tienen miedo a la oscuridad.

(C) Vieron algo muy aterrador en el riachuelo.

(D) Llueve mucho y quieren estar secas.

5. Para resolver el problema de la lluvia, Tricia y Lisa

(A) empacan su picnic para mantener sus cosas secas.

(B) corren a toda velocidad a la casa de Tricia.

(C) encuentran refugio adentro y evitan la lluvia.

(D) todas las opciones anteriores

6. Esta historia es un ejemplo de

(A) personajes que hacen payasadas sin planificar nada.

(B) personajes que hacen planes y los mantienen sin ningún cambio.

(C) personajes que hacen planes pero tienen que cambiarlos.

(D) ninguna de las opciones anteriores

1. (S)(N)

2. (S)(N)

3. (S)(N)

4. (S)(N)

5. (S)(N)

6. (S)(N)

___ / 6

Total

PUNTAJE

___ / 4

NOMBRE:_____ FECHA:_____

INSTRUCCIONES Vuelve a leer "Un picnic muy húmedo". Luego, lee la instrucción y responde en las líneas a continuación.

¿Qué llevarías contigo a un picnic en el riachuelo? ¿Qué te gustaría hacer allí? Escribe sobre lo que harías.

_____

_____

_____

_____

_____

_____

_____

_____

_____

_____

_____

_____

_____

_____

_____

NOMBRE:_____ **FECHA:**_____

INSTRUCCIONES Lee el texto y luego responde las preguntas.

El aire se mueve constantemente. A veces, el aire se mueve hacia el norte desde el golfo de México. Ese aire es cálido y húmedo porque el golfo de México es cálido y húmedo. A veces, el aire se mueve desde Canadá. Ese aire es fresco y seco porque viene de un lugar fresco y seco. A veces, una masa da aire cálido y húmedo se encuentra con una masa de aire fresco y seco. Cuando ocurre, las masas de aire se tornan inestables. Significa que cambian rápidamente. Vientos fuertes pueden comenzar a soplar. Si los vientos soplan lo suficientemente rápido y cambian de dirección, comienzan a girar, tal como el agua cuando baja por un desagüe. Si una tormenta giratoria no toca el suelo, se llama *embudo*. Pero si el embudo toca el suelo, se llama *tornado*. Los tornados son comunes en áreas donde se encuentran las masas de aire cálido y fresco.

1. (S) (N)

2. (S) (N)

3. (S) (N)

4. (S) (N)

5. (S) (N)

1. ¿Qué pregunta podría hacer un lector después de leer este texto?

(A) ¿De dónde viene el aire fresco?

(B) ¿Intenta mantener el golfo de México su aire cálido?

(C) ¿Por qué no pueden mezclarse el aire cálido y el fresco, y aun así estar estables?

(D) todas las opciones anteriores

2. ¿Cuál de los siguientes acompañaría mejor este texto?

(A) un video que muestra cómo se forma un tornado

(B) un video del daño que puede causar un tornado

(C) un video de aire fresco que es medido por científicos

(D) un video del golfo de México en el verano

3. ¿Cuál es la sílaba tónica en la palabra *tornado*?

(A) la primera sílaba

(B) la segunda sílaba

(C) la tercera sílaba

(D) ninguna de las opciones anteriores

4. ¿Cuál es el antónimo de *húmedo*?

(A) seco

(B) frío

(C) caliente

(D) giratorio

5. ¿Cuál es el tono del texto?

(A) formal

(B) informal

(C) temeroso

(D) gracioso

___ / 5
Total

NOMBRE:_____ **FECHA:**_____

INSTRUCCIONES   Lee el texto y luego responde las preguntas.

1. Ⓢ Ⓝ

2. Ⓢ Ⓝ

3. Ⓢ Ⓝ

4. Ⓢ Ⓝ

5. Ⓢ Ⓝ

___ / 5
Total

> ¿Por qué son peligrosos los tornados? Hay dos grandes motivos. Un motivo son los vientos del tornado. Los fuertes vientos que forman los tornados suben. Mientras giran, llevan cosas a su paso. Algunos tornados son débiles. Sus vientos llevan hojas, ramas y polvo. Otros tornados son más fuertes. Los vientos de los tornados fuertes pueden romper ventanas. Pueden arrancar árboles. Los tornados muy fuertes pueden derribar edificios y levantar automóviles. Mientras más grande y más fuerte sea un tornado, más daño causará. También es muy difícil decir exactamente dónde golpeará un tornado y qué dirección tomará. Por ello es difícil advertir a las personas cuando viene un tornado.

1. ¿Qué pregunta podría hacer un lector después de leer?

Ⓐ ¿Causan los tornados grandes más daño que los tornados pequeños?

Ⓑ ¿A qué velocidad se mueven los tornados?

Ⓒ ¿Pueden decir los científicos en qué dirección se mueve un tornado?

Ⓓ ¿Arrancan árboles los tornados?

2. ¿Qué es algo que un tornado **no** puede hacer?

Ⓐ causar un terremoto

Ⓑ romper ventanas

Ⓒ levantar automóviles

Ⓓ derribar edificios

3. ¿Qué palabra **no** es plural?

Ⓐ tornado

Ⓑ ramas

Ⓒ árboles

Ⓓ motivos

4. Otra palabra para *daño* es

Ⓐ edificio.

Ⓑ recompensa.

Ⓒ destrozo.

Ⓓ enojo.

5. ¿Cuál es el propósito del autor?

Ⓐ instruir

Ⓑ entretener

Ⓒ persuadir

Ⓓ informar

NOMBRE:_____ **FECHA:**_____

INSTRUCCIONES   Lee el texto y luego responde las preguntas.

Los tornados pueden ser muy peligrosos. Pero hay cosas que puedes hacer para estar seguro. Una advertencia de tornado significa que un tornado ha tocado el suelo. Necesitas refugiarte de inmediato. Esto es lo que debes hacer si escuchas una advertencia de tornado:

- Ve al sótano. También puedes ir a una habitación interior, tal como un baño o un armario.
- Si puedes, ponte debajo de un mueble resistente, como una mesa.
- Si vives en una casa móvil, sal de ahí.
- Si estás en un automóvil, sal de ahí.
- Si estás afuera, ve a una zanja o un área baja y túmbate allí.
- Mantente alejado de líneas de alto voltaje caídas y de áreas dañadas.

1. Ⓢ Ⓝ

2. Ⓢ Ⓝ

3. Ⓢ Ⓝ

4. Ⓢ Ⓝ

5. Ⓢ Ⓝ

1. ¿Qué significa una advertencia de tornado?

Ⓐ un tornado ha tocado el suelo

Ⓑ un tornado puede estar cerca

Ⓒ las personas deben refugiarse

Ⓓ todas las opciones anteriores

2. ¿Cuál **no** es un buen lugar para refugiarse de un tornado?

Ⓐ en un automóvil

Ⓑ en un sótano

Ⓒ debajo de una mesa resistente

Ⓓ en un armario

3. La raíz de *resistente* es

Ⓐ resiste.

Ⓑ res.

Ⓒ ente.

Ⓓ ninguna de las opciones anteriores

4. Un antónimo de *peligroso* es

Ⓐ riesgoso.

Ⓑ mortal.

Ⓒ seguro.

Ⓓ ninguna de las opciones anteriores

5. Cuando te *refugias*,

Ⓐ corres hacia afuera.

Ⓑ vas a un lugar seguro.

Ⓒ robas el refugio de alguien.

Ⓓ buscas caracolas.

___ / 5
Total

NOMBRE:_____ FECHA:_____

CAZATORMENTAS

Algunas personas rastrean, o persiguen, grandes tormentas tales como los tornados. Estas personas a menudo se llaman *cazatormentas*. Su objetivo es llegar lo más cerca posible de las tormentas para poder observarlas y registrarlas. Averiguan dónde están las tormentas. Luego, viajan a esos lugares para mirar las tormentas. Les toman fotografías y las registran en  videos. Algunos cazatormentas persiguen tornados. Usan equipos para aprender sobre el tornado que están persiguiendo. El equipo muestra la velocidad en que se mueve el tornado y hacia dónde va. Además muestra la velocidad a la que sopla el viento.

¿Qué tipo de personas se convierten en cazatormentas? Algunos cazatormentas son científicos. Quieren estudiar los tornados. Otros cazatormentas rastrean tormentas porque es su pasatiempo. Ellos piensan que las tormentas son interesantes y quieren saber todo sobre ellas. A unos pocos cazatormentas les pagan para perseguir tormentas. Venden sus videos y fotografías. ¡Hasta pueden ofrecer recorridos para cazar tormentas! Pero a la mayoría de los cazatormentas no les pagan. Cazan tormentas porque les interesan.

¿Cómo es cazar una tormenta? Los cazatormentas viajan muchas, muchísimas millas buscando tormentas. Pasan mucho tiempo en sus automóviles o camiones. Tienen que ser hábiles al usar cámaras y computadoras. También deben estar dispuestos a grabar datos. Los cazatormentas comienzan por verificar sus computadoras. Averiguan dónde podría golpear un tornado. Luego, viajan a ese lugar. En el camino, verifican las computadoras de nuevo. Finalmente, van a un lugar donde podría golpear un tornado. Cuando lo hacen, se detienen. Instalan sus equipos. También miran al cielo para ver si se formará un tornado. Si un tornado se forma, lo observan, le toman fotografías y luego salen de su camino. Si no hay un tornado, se van hacia otro lugar. ¡No es fácil ser un cazatormentas, pero puede ser emocionante!

NOMBRE:_____ **FECHA:**_____

INSTRUCCIONES   Lee "Cazatormentas" y luego responde las preguntas.

PUNTAJE

1. Después de leer este texto, un lector podría

(A) decidir permanecer adentro para siempre para evitar las tormentas.

(B) interesarse más por la ciencia de los volcanes.

(C) decidir estudiar la ciencia de animales y seres vivientes.

(D) ninguna de las opciones anteriores

2. El autor quiere que el lector

(A) aprenda sobre los cazatormentas.

(B) realice un recorrido para cazar tormentas.

(C) aprenda sobre computadoras.

(D) conduzca un automóvil o un camión.

3. Según el texto, ¿qué elementos necesita un cazatormentas?

(A) impermeable, computadora con seguimiento GPS, un camión con neumáticos de lluvia

(B) impermeable, patito de goma, una computadora con seguimiento GPS

(C) un patito de goma, un camión con neumáticos de lluvia, un automóvil con neumáticos de lluvia

(D) un camión con neumáticos de lluvia, un suéter de algodón, un teléfono público

4. ¿Qué hacen primero los cazatormentas?

(A) Toman fotografías y observan.

(B) Viajan a un lugar donde puede haber una tormenta.

(C) Verifican sus computadoras para ver dónde puede haber una tormenta.

(D) Salen del camino de una tormenta.

5. ¿Cuál probablemente les guste a los cazatormentas?

(A) ciencia

(B) historia

(C) tenis

(D) música

6. ¿Cómo es cazar tormentas?

(A) Cazar tormentas es rápido y fácil para la mayoría de los cazatormentas. También es muy emocionante.

(B) Se puede cazar tormentas en el hogar. Por eso es emocionante.

(C) En general cazan tormentas personas a quienes se les paga para cazar tormentas.

(D) Cazar tormentas implica viajar mucho y no es fácil, pero puede ser muy emocionante.

1. Ⓢ Ⓝ

2. Ⓢ Ⓝ

3. Ⓢ Ⓝ

4. Ⓢ Ⓝ

5. Ⓢ Ⓝ

6. Ⓢ Ⓝ

___ / 6

Total

NOMBRE:_____ **FECHA:**_____

PUNTAJE

___ / 4

INSTRUCCIONES   Vuelve a leer "Cazatormentas". Luego, lee la instrucción y responde en las líneas a continuación.

¿Te gustaría hacer un recorrido para cazar tormentas? Explica tu respuesta.

_____

_____

_____

_____

_____

_____

_____

_____

_____

_____

_____

_____

_____

_____

_____

_____

_____

NOMBRE:_____ **FECHA:**_____

INSTRUCCIONES   Lee el texto y luego responde las preguntas.

Cuando comenzó la construcción de un nuevo centro comercial, Brian quiso visitar el sitio. Lo que realmente le interesaba era el suelo sobre el cual iba a estar el edificio. Podía haber algo interesante enterrado allí. Estaba buscando de cerca cuando uno de los trabajadores lo llamó:

—¡Oye! Sal de ahí. No es seguro cerca del equipo.

—Lo siento —respondió Brian. Estaba a punto de irse cuando vio algo pequeño, redondo y brillante. ¡Levantó una moneda muy antigua! Cuando salía, un trabajador le preguntó qué había encontrado.

—Tan solo una moneda antigua —respondió Brian. Se la mostró al líder de la cuadrilla, quien dijo:

—Posiblemente tengas algo valioso. Debes averiguar al respecto.

1. (S)(N)

2. (S)(N)

3. (S)(N)

4. (S)(N)

5. (S)(N)

1. ¿Qué encontró Brian en el lugar de la construcción?

- (A) una moneda antigua
- (B) un diamante
- (C) una pala
- (D) nada

2. ¿Cuál es el escenario?

- (A) escuela
- (B) la casa de Brian
- (C) un lugar de construcción
- (D) un patio de juegos

3. ¿Cuál es la raíz de *valioso*?

- (A) vali
- (B) val
- (C) oso
- (D) li

4. ¿Qué significa *brillante*?

- (A) feo
- (B) reluciente
- (C) pequeño
- (D) oculto

5. *No pudo resistirse* da pistas de que Brian

- (A) vive cerca del lugar de construcción.
- (B) no sabe sobre el lugar de la construcción.
- (C) tiene miedo al lugar de la construcción.
- (D) realmente quiere ir al lugar de la construcción.

___ / 5

Total

NOMBRE:_____ FECHA:_____

PUNTAJE

INSTRUCCIONES   Lee el texto y luego responde las preguntas.

1. Ⓢ Ⓝ

2. Ⓢ Ⓝ

3. Ⓢ Ⓝ

4. Ⓢ Ⓝ

5. Ⓢ Ⓝ

___ / 5
Total

> Brian había encontrado una antigua moneda en un lugar de construcción. Se la llevó a casa para ver si podía averiguar más al respecto. Cuando llegó a casa, les mostró la moneda a sus padres.
>
> —¿Piensas que tiene algún valor? —preguntó a su padre.
>
> —Hay mucho que no sé sobre monedas —respondió el papá— pero podemos investigar un poco.
>
> Brian y su padre buscaron en línea para ver si podían encontrar una moneda que coincidiera con la que Brian había descubierto. Después de un rato, finalmente encontraron una coincidencia. ¡La moneda que vieron en línea valía quinientos dólares! El papá y Brian decidieron llevar la moneda de Brian a un vendedor de monedas para ver si era valiosa.

1. ¿Qué descubrieron Brian y su padre sobre la moneda en línea?

Ⓐ Vale quinientos dólares.

Ⓑ Es de Europa.

Ⓒ No es valiosa.

Ⓓ Es de oro.

2. ¿Cuál es el escenario principal?

Ⓐ el vendedor de monedas

Ⓑ la casa del amigo de Brian

Ⓒ el lugar de construcción de Brian

Ⓓ el hogar de Brian

3. ¿Cuál es un homófono de *casa*?

Ⓐ caza

Ⓑ cal

Ⓒ claro

Ⓓ asar

4. ¿Cuál es un sinónimo de *lugar*?

Ⓐ sitio

Ⓑ visión

Ⓒ máquina

Ⓓ cosa

5. En el texto, el padre de Brian dice *mucho* para decir que

Ⓐ él no sabe sobre monedas.

Ⓑ él sabe sobre monedas.

Ⓒ a él no le gustan las monedas.

Ⓓ ninguna de las opciones anteriores

NOMBRE: _____ **FECHA:** _____

INSTRUCCIONES Lee el texto y luego responde las preguntas.

Brian había encontrado una antigua moneda, entonces él y su padre fueron a una tienda de monedas.

—¿En qué puedo ayudarles? —el comerciante de monedas preguntó al saludarlos.

—Encontré esta moneda ayer, y me pregunto si es valiosa —dijo Brian.

—Déjame examinarla y veremos si tiene valor —dijo el comerciante.

—¿Cómo se puede saber si una moneda es valiosa? —le preguntó Brian.

—Tres de las cosas que consideramos son el año en que se hizo la moneda, el estado de la moneda y la marca de la ceca. Ese es un símbolo especial que muestra dónde se hizo la moneda —dijo el comerciante de monedas.

1. (S)(N)

2. (S)(N)

3. (S)(N)

4. (S)(N)

5. (S)(N)

1. ¿Cuál **no** se considera al determinar el valor de una moneda?

(A) quién la posee

(B) el año en que se hizo

(C) el estado de la moneda

(D) la marca de la ceca

2. El diálogo del comerciante de monedas muestra que él

(A) toma en serio cómo ver la moneda.

(B) siente pereza sobre ver la moneda.

(C) está inseguro sobre cómo calcular el valor de la moneda.

(D) está pensando en irse de casa.

3. ¿Cuál muestra la pronunciación correcta de *especial*?

(A) [es-pe-siál]

(B) [spe-siál]

(C) [és-pe-sial]

(D) [es-pé-sial]

4. Un antónimo de *estado* es

(A) condición.

(B) característica.

(C) metal.

(D) ninguna de las opciones anteriores

5. ¿Desde qué punto de vista se cuenta la historia?

(A) primera persona

(B) segunda persona

(C) tercera persona

(D) ninguna de las opciones anteriores

___ / 5

Total

NOMBRE:_____ FECHA:_____

BRIAN ENCUENTRA UN TESORO

Brian y su padre estaban en la tienda de monedas del centro de la ciudad. Habían visitado la tienda por primera vez algunos días atrás cuando Brian encontró una antigua moneda. Quería saber si la moneda era valiosa, y el comerciante había prometido verla. Hoy, podrían saber si la moneda valía mucho dinero. Después de que el comerciante los saludara, dijo:

—Averigüé algo sobre su moneda.

—Genial —dijo el padre de Brian—. Espero que tenga buenas novedades para nosotros.

—Bueno —dijo el comerciante— lo primero que hice fue buscar el año en que se acuñó, o se hizo, la moneda. Tienen una moneda muy antigua, ¡tiene más de 150 años de edad! También examiné la marca de la ceca de la moneda. Hay varias cecas en los Estados Unidos, y todas hacen monedas. Cada una tiene un símbolo especial llamado *marca de la ceca* que pone en la moneda que hace. Puedes mirar cualquier moneda y decir por su marca de la ceca qué ceca hizo esa moneda. Encontré que su moneda se acuñó en Filadelfia. Finalmente, miré la moneda para ver su estado. Las monedas que están en perfecto estado se llaman impecables. Lucen como si recién salieran de la ceca. Las monedas impecables valen más que las monedas que están usadas. Tu moneda no es impecable, pero sí está en buena forma.

—Entonces, ¿cuánto vale mi moneda? —Brian preguntó ansioso.

—Investigué y encontré que las monedas como la tuya pueden venderse por trecientos dólares.

—¡Fantástico! Significa que me dará trescientos dólares por ella, ¿verdad? —Brian dijo alegremente.

—Lo que significa en realidad es que yo podré venderla por trescientos dólares. Ya que necesito obtener una ganancia, ¿qué tal si compro tu moneda por doscientos dólares?

Brian y su padre estuvieron de acuerdo con el trato y el padre de Brian completó los papeles. En poco tiempo, Brian tenía doscientos dólares para poner en su cuenta bancaria.

NOMBRE:_____ **FECHA:**_____

INSTRUCCIONES Lee "Brian encuentra un tesoro" y luego responde las preguntas.

1. ¿Cuánto dinero obtiene Brian por su moneda?

Ⓐ trescientos dólares

Ⓑ quinientos dólares

Ⓒ doscientos dólares

Ⓓ nada

2. El propósito de este texto es

Ⓐ leer un relato ficticio sobre el comercio de monedas.

Ⓑ aprender todo lo que se debe saber sobre el comercio de monedas.

Ⓒ leer un relato no ficticio sobre la venta de monedas.

Ⓓ todas las opciones anteriores

3. ¿Dónde irán Brian y su padre a continuación?

Ⓐ otro comerciante de monedas

Ⓑ una película

Ⓒ la tienda de comestibles

Ⓓ el banco

4. ¿Cómo se siente Brian probablemente sobre averiguar el valor de la moneda?

Ⓐ molesto

Ⓑ nervioso

Ⓒ emocionado

Ⓓ furioso

5. ¿Cómo determinan los comerciantes de monedas el valor de las monedas?

Ⓐ deciden si les gusta el propietario de la moneda

Ⓑ le preguntan a un amigo

Ⓒ miran el año, la marca de la ceca y el estado

Ⓓ la hacen en muy buen estado

6. Este texto es un ejemplo de

Ⓐ un personaje que descubre una fortuna después de mucho trabajo duro.

Ⓑ un personaje que descubre una fortuna sin intentar hacerlo.

Ⓒ la estrategia detallada de comercio de monedas y cómo ganarse la vida con monedas.

Ⓓ todas las opciones anteriores

1. Ⓢ Ⓝ
2. Ⓢ Ⓝ
3. Ⓢ Ⓝ
4. Ⓢ Ⓝ
5. Ⓢ Ⓝ
6. Ⓢ Ⓝ

___ / 6
Total

NOMBRE:_____ FECHA:_____

INSTRUCCIONES   Vuelve a leer "Brian encuentra un tesoro". Luego, lee la instrucción y responde en las líneas a continuación.

¿Qué harías si encontraras una moneda valiosa? Escribe sobre lo que harías.

_____

_____

_____

_____

_____

_____

_____

_____

_____

_____

_____

_____

_____

_____

_____

NOMBRE: _____ **FECHA:** _____

INSTRUCCIONES   Lee el texto y luego responde las preguntas.

La pintura sobre vidrio es un tipo especial de pintura. Los artistas que pintan sobre vidrio usan pinturas especiales. Esas pinturas les permiten crear hermosas imágenes sobre el vidrio. Luego, cuando la luz del sol atraviesa el vidrio, los colores parecen cobrar vida. Algunos artistas hacen pintura sobre vidrio al reverso. Pintan sus imágenes hacia atrás, comenzando con los últimos toques. Después, pintan los detalles principales. Luego, pintan el fondo. Cuando la pintura está terminada, se seca. Luego, puedes ver la imagen a través del otro lado del vidrio. El vitral también es un tipo de pintura sobre vidrio. Los artistas que hacen vitrales usan otro tipo de pintura. Después de que el artista aplica la pintura, el vidrio se calienta para fijar la pintura al vidrio. Por eso se llama vitral.

1. Ⓢ Ⓝ

2. Ⓢ Ⓝ

3. Ⓢ Ⓝ

4. Ⓢ Ⓝ

5. Ⓢ Ⓝ

1. ¿Qué significa *pintura sobre vidrio al reverso*?

Ⓐ pintar sobre cualquier cosa excepto el vidrio

Ⓑ pintar cuando está soleado

Ⓒ pintar con la mano opuesta

Ⓓ pintar hacia atrás, comenzando por los toques finales

2. ¿En qué capítulo de un libro sobre pintura sería más probable encontrar este texto?

Ⓐ La naturaleza muerta

Ⓑ Retratos

Ⓒ Técnicas sobre vidrio

Ⓓ Diseño de la paleta

3. ¿Qué palabra **no** tiene un diptongo?

Ⓐ pintura

Ⓑ atraviesa

Ⓒ vidrio

Ⓓ calienta

4. *Reverso* y *hacia atrás* son

Ⓐ sinónimos.

Ⓑ antónimos.

Ⓒ rimas.

Ⓓ opuestos.

5. *Los colores parecen cobrar vida* es un ejemplo de

Ⓐ rima.

Ⓑ personificación.

Ⓒ símil.

Ⓓ fábula.

___ / 5
Total

NOMBRE:_____ FECHA:_____

PUNTAJE

INSTRUCCIONES   Lee el texto y luego responde las preguntas.

1. Ⓢ Ⓝ

2. Ⓢ Ⓝ

3. Ⓢ Ⓝ

4. Ⓢ Ⓝ

5. Ⓢ Ⓝ

___ / 5
Total

La pintura sobre vidrio es una forma de arte muy antigua. Nadie sabe exactamente cuándo se comenzó a pintar sobre vidrio. Pero en las ruinas de la antigua Roma se han encontrado figuras pintadas sobre vidrio. La pintura sobre vidrio se hizo importante durante el siglo x. En ese entonces, las personas construían iglesias y el vidrio pintado se usaba para las ventanas. Las imágenes de las ventanas de vidrio se usaban para contar historias. A medida que pasó el tiempo, las personas aprendieron nuevas maneras de pintar vidrio e hicieron nuevos tipos de pinturas. Entonces la pintura sobre vidrio cambió. Hoy, los artistas de pintura sobre vidrio no pintan solo ventanas. Y no solo cuentan historias con sus imágenes. La pintura sobre vidrio se usa sobre todo tipo de cosas, tales como platos, jarrones y vasos.

1. ¿Cuál **no** es un enunciado verdadero sobre las pinturas sobre vidrio?

Ⓐ Se tornaron importantes durante el siglo x.

Ⓑ Son una forma de arte antigua.

Ⓒ Pueden hacerse sobre ventanas, platos, jarrones y vasos.

Ⓓ Son para vidrio que sea demasiado pequeño para pintar.

2. ¿Cuál es el propósito de la pintura sobre vidrio en las ventanas de las iglesias?

Ⓐ para embellecer las iglesias

Ⓑ para que se luzcan los nuevos artistas

Ⓒ para ocultar las ventanas rotas

Ⓓ para contar historias

3. ¿Cuál es un homófono de *vaso*?

Ⓐ fresco

Ⓑ antiguo

Ⓒ bazo

Ⓓ tipos

4. *Antiguo* es un sinónimo de

Ⓐ costoso.

Ⓑ real.

Ⓒ viejo.

Ⓓ occidental.

5. ¿Cuáles dos palabras describen el tono del texto?

Ⓐ *argumentativo* y *serio*

Ⓑ *informativo* y *gracioso*

Ⓒ *informativo* y *serio*

Ⓓ *interesante* y *apresurado*

NOMBRE:_____ **FECHA:**_____

> **INSTRUCCIONES**   Lee el texto y luego responde las preguntas.

Si bien es verdad que la pintura sobre vidrio comenzó en Europa, no permaneció de forma local por mucho tiempo. La pintura sobre vidrio también se expandió a la India, China, África y los Estados Unidos. Hoy, hay pinturas sobre vidrio en todo el mundo. Cada lugar tiene su propio estilo. Muchas pinturas indias sobre vidrio tienen colores muy brillantes. Pueden tener patrones imaginarios. Las pinturas sobre vidrio chinas usan tanto colores oscuros como colores claros. Pueden mostrar flores. Pueden mostrar aves y otros animales. Hermosas pinturas sobre vidrio africanas muestran la vida diaria. Algunas se usan para enseñar lecciones. A menudo usan colores vivos y brillantes. ¿Y en Estados Unidos? ¡También hay muchas hermosas pinturas sobre vidrio en los Estados Unidos!

1. ⓢ ⓝ

2. ⓢ ⓝ

3. ⓢ ⓝ

4. ⓢ ⓝ

5. ⓢ ⓝ

1. Después de leer el texto, un lector se beneficiaría más si ve ejemplos de vitral

(A) de China.

(B) de la India.

(C) de diferentes culturas.

(D) de los Estados Unidos.

2. ¿Qué imágenes no están en las pinturas sobre vidrio chinas?

(A) aviones

(B) flores

(C) aves

(D) todas las opciones anteriores

3. ¿Qué palabra tiene los mismos sonidos vocálicos que *pintura*?

(A) cintura

(B) vidrio

(C) colores

(D) vivos

4. ¿Cuál es la raíz de *diaria*?

(A) diari

(B) diar

(C) dia

(D) ria

5. ¿Cuál es el propósito del autor?

(A) informar

(B) entretener

(C) persuadir

(D) dar instrucciones

___ / 5
Total

NOMBRE:_____ FECHA:_____

HAZ TU PROPIO VIDRIO PINTADO

Es fácil de hacer tu propia y hermosa imagen pintada sobre vidrio. Esto es lo que necesitas:

- Un marco
- Cola vinílica
- Pintura para vidrio y pinceles
- Página de libro para colorear o dibujo
- Cinta adhesiva o una pistola encoladora

Esto es lo que deberás hacer:

1. Haz un dibujo, o si lo prefieres, elige una imagen de un libro para colorear.

2. Quita la parte posterior del marco.

3. Con cinta adhesiva o una pistola encoladora, asegura el vidrio al marco desde la parte trasera.

4. Coloca el marco boca abajo sobre la imagen.

5. Usando las pinturas para vidrio y los pinceles, pinta tu imagen.

6. Saca $\frac{1}{3}$ de la cola del envase y reemplázala con pintura negra. Mézclalas.

7. Usando el contenedor original de cola, aprieta la mezcla de pintura y cola para delinear tu imagen y darle un efecto de vitral.

8. Deja que tu imagen seque.

9. Luego, vuelve a colocar la parte trasera y cuelga tu imagen sobre la pared o colócale cordones para colgarla en una ventana sin la parte trasera.

NOMBRE: _____ **FECHA:** _____

INSTRUCCIONES Lee "Haz tu propio vidrio pintado" y luego responde las preguntas.

PUNTAJE

1. ¿Por qué piensas que necesitas pintura para vidrio para este proyecto?

(A) La pintura para vidrio tiene colores más brillantes.

(B) Otros tipos de pintura posiblemente no funcionen adecuadamente sobre vidrio.

(C) La pintura para vidrio es más fácil de encontrar que otros tipos de pintura.

(D) Otros tipos de pintura no vienen en tantos colores.

2. Podrías leer esto si quisieras

(A) averiguar sobre ventanas con vitral.

(B) aprender sobre el arte en vidrio africano.

(C) probar hacer un proyecto de pintura sobre vidrio.

(D) averiguar dónde comprar pinturas para vidrio.

3. ¿Cuál es el primer paso para hacer tu propio vidrio pintado?

(A) Dibujar o elegir una imagen.

(B) Pintar el vidrio.

(C) Usar cinta adhesiva para asegurar el vidrio en el marco.

(D) Dejar que seque la pintura.

4. Agregar el efecto de vitral viene después de

(A) pintar la imagen.

(B) dejar que seque la pintura.

(C) volver a colocar la parte trasera.

(D) colgar la imagen en una ventana.

5. Esto sería interesante para las personas a quienes les gusta

(A) la matemática.

(B) la ciencia.

(C) el arte.

(D) la historia.

6. ¿Cuál es un buen resumen de este texto?

(A) Esto nos dice qué es la pintura sobre vidrio.

(B) Esto nos dice cómo estrujar la cola vinílica.

(C) Esto nos dice dónde comenzó la pintura sobre vidrio.

(D) Esto nos dice cómo hacer nuestra propia pintura sobre vidrio.

1. Ⓢ Ⓝ

2. Ⓢ Ⓝ

3. Ⓢ Ⓝ

4. Ⓢ Ⓝ

5. Ⓢ Ⓝ

6. Ⓢ Ⓝ

___ / 6

Total

NOMBRE:_____ FECHA:_____

PUNTAJE

___ / 4

INSTRUCCIONES

Vuelve a leer "Haz tu propio vidrio pintado". Luego, lee la instrucción y responde en las líneas a continuación.

¿Qué paso sería más difícil para ti? ¿Qué paso sería el más fácil? ¿Por qué? Explica tu respuesta.

_____

_____

_____

_____

_____

_____

_____

_____

_____

_____

_____

_____

_____

_____

_____

NOMBRE:_____ **FECHA:**_____

INSTRUCCIONES Lee el texto y luego responde las preguntas.

—¡Mamá, quiero mostrarte algo que encontré en línea! —Luis llamó entusiasmado—. ¡Encontré *El secreto del mago* y *La caverna de cristal*! ¡He buscado esas películas desde siempre! ¿Podemos pedirlas?

—Parece como si este sitio web *Películas y más* tuviera de todo —dijo su mamá al mirarlo detalladamente.

—Los precios son baratos —Luis le aseguró—. ¿Podemos pedirlas por favor?

—Buscaré mi tarjeta de crédito y las pediremos —asintió su mamá después de verificar el sitio para asegurarse de que fuera seguro.

1. ⓈⓃ

2. ⓈⓃ

3. ⓈⓃ

4. ⓈⓃ

5. ⓈⓃ

___ / 5
Total

1. ¿Por qué está entusiasmado Luis?

Ⓐ Su mamá encontró un buen precio en un sitio web.
Ⓑ Él encontró las películas que quiere.
Ⓒ Él tiene una tarjeta de crédito.
Ⓓ Él tiene una computadora nueva.

2. ¿Por qué se fija la mamá de Luis en la seguridad del sitio?

Ⓐ porque no quiere que Luis se lastime
Ⓑ para asegurarse de que la información de su tarjeta de crédito no sea robada
Ⓒ para encontrar kits de emergencia
Ⓓ para asegurarse de que no haya extraños en los salones de chat

3. En la palabra *detalladamente*, detallada es

Ⓐ la raíz.
Ⓑ el prefijo.
Ⓒ el sufijo.
Ⓓ el afijo.

4. ¿Cuál es un sinónimo de *barato*?

Ⓐ costoso
Ⓑ caro
Ⓒ económico
Ⓓ todas las opciones anteriores

5. *¡He buscado esas películas desde siempre!* es un ejemplo de

Ⓐ una frase idiomática.
Ⓑ hipérbole.
Ⓒ una metáfora.
Ⓓ un símil.

NOMBRE:_____ FECHA:_____

PUNTAJE

1. Ⓢ Ⓝ

2. Ⓢ Ⓝ

3. Ⓢ Ⓝ

4. Ⓢ Ⓝ

5. Ⓢ Ⓝ

___ / 5
Total

INSTRUCCIONES   Lee el texto y luego responde las preguntas.

Después de clases, Luis corrió a casa desde la parada del autobús a toda velocidad. Su madre había pedido dos películas, y estaba ansioso de ver si habían llegado. Hasta ahora, la respuesta había sido "No llegaron". Hoy, Luis fue deprisa a casa como siempre y atravesó la puerta a empujones.

—¿Ya llegaron? —preguntó.

—El correo está sobre la mesita baja —respondió su madre—. ¿Por qué no averiguas si llegaron las películas?

Cuando Luis tomó el correo, lo que vio fue un paquete dirigido a él. Abrió la envoltura y jaló el material de empaquetado. Cayeron las dos películas.

—¡Finalmente llegaron! —gritó con felicidad.

1. ¿Qué título va mejor con este texto?

Ⓐ El correo
Ⓑ Esperando el paquete
Ⓒ Películas
Ⓓ Pregunta a mamá

2. El escenario fluye de

Ⓐ la parada del autobús a la tienda de películas.
Ⓑ la parada del autobús a la casa de Luis.
Ⓒ la casa de Luis a la parada del autobús.
Ⓓ ninguna de las opciones anteriores

3. ¿Qué palabras tienen la misma raíz?

Ⓐ *paquete* y *empaquetado*
Ⓑ *abrió* y *envoltura*
Ⓒ *gritó* y *jaló*
Ⓓ *llegado* y *pedido*

4. ¿Qué verbo te dice que Luis se movía muy rápido?

Ⓐ preguntó
Ⓑ habían llegado
Ⓒ había pedido
Ⓓ fue deprisa

5. *Como siempre* significa

Ⓐ como la mayoría de los días.
Ⓑ tan solo una vez.
Ⓒ por primera vez.
Ⓓ ansiosamente.

NOMBRE:_____ **FECHA:**_____

INSTRUCCIONES   Lee el texto y luego responde las preguntas.

Luis y sus amigos, Tom y Dave, iban a ver las nuevas películas de Luis. Los niños tenían palomitas de maíz y limonada. Votaron por *La caverna de cristal* primero, pero cuando Luis puso el DVD en el reproductor, no pasó nada.

—Miremos la otra película mientras tanto —sugirió Dave. Luis puso *El secreto del mago* en el reproductor, pero tampoco se reprodujo nada.

—No sé si el problema son las películas o nuestro reproductor. Voy a poner una de nuestras otras películas para ver si funciona —dijo Luis. Cuando puso otra película, funcionó perfectamente.

—Ninguna de mis películas nuevas funciona —dijo Luis—. ¡Necesito devolverlas!

1. Ⓢ Ⓝ

2. Ⓢ Ⓝ

3. Ⓢ Ⓝ

4. Ⓢ Ⓝ

5. Ⓢ Ⓝ

1. ¿Cómo deciden Luis y sus amigos qué película ver primero?

- Ⓐ votan
- Ⓑ dejan que Luis elija
- Ⓒ la mamá de Luis elige
- Ⓓ ellos discuten

2. ¿Por qué tiene Luis que devolver las películas?

- Ⓐ A Luis no le gustan las películas.
- Ⓑ El reproductor de Luis está roto.
- Ⓒ Son las películas incorrectas.
- Ⓓ Las películas no funcionan.

3. *Reproductor* se pronuncia

- Ⓐ [rep-ro-duc-tór]
- Ⓑ [rep-ro-dú-ctor]
- Ⓒ [re-pro-duct-ór]
- Ⓓ ninguna de las opciones anteriores

4. ¿Cuál es el antónimo de *ninguna*?

- Ⓐ algunos
- Ⓑ todas
- Ⓒ nada
- Ⓓ ambas

5. Decir que algo funciona *perfectamente* significa

- Ⓐ que se romperá pronto.
- Ⓑ que algo está roto.
- Ⓒ que algo funciona exactamente como debe.
- Ⓓ que algo funcionará para siempre.

___ / 5

Total

NOMBRE:_____ FECHA:_____

DEVOLUCIÓN

La mamá de Luis había pedido dos películas nuevas para él. Una era *El secreto del mago* y la otra era *La caverna de cristal*. Luis estaba entusiasmado, pero cuando intentó mirarlas, ninguna película funcionó. Sabía que tendría que devolverlas, pero no estaba seguro sobre cómo hacerlo. Así que pidió ayuda a su madre.

—El primer paso —dijo ella— es ir al sitio web de la compañía. Compramos las películas en *Películas y más*, así que comencemos por ir a ese sitio. Ahora, a ver si puedes encontrar un lugar para hacer preguntas sobre los pedidos.

Luis encontró una sección llamada *Pedidos y envíos*, e hizo clic en ese vínculo. Esta sección tenía instrucciones para devolver la mercadería. Luis y su madre leyeron las instrucciones.

Lo primero que hicieron fue completar un formulario de devolución. Después de que Luis y su madre lo completaron, estaban listos para imprimir una etiqueta para devolución. Imprimieron la etiqueta y buscaron una caja. Luego, Luis puso las películas en la caja y la selló. Luis y su madre llevaron la caja y la etiqueta a la casilla de correo, donde pegaron la etiqueta a la caja.

—¿Ahora qué sigue? —Luis preguntó a su madre mientras se iban a casa.

—Lo próximo que ocurrirá es que la compañía recibirá las películas de vuelta —respondió su mamá—. Luego, ellos nos enviarán nuevas copias de las películas.

—¿Cuánto tardará eso? —Luis quiso saber.

—El sitio web dice que el proceso tarda entre dos y cuatro semanas, así que no va a ser de inmediato. Pero no va a ser terriblemente largo —respondió su madre. Y tenía razón. Tres semanas más tarde, Luis recibió las flamantes copias de *El secreto del mago* y *La caverna de cristal*, y esta vez, funcionaban.

NOMBRE:_____ **FECHA:**_____

Lee "Devolución" y luego responde las preguntas.

PUNTAJE

1. Este texto es

Ⓐ un relato ficticio e irreal de cómo devolver un elemento que se pidió en línea.

Ⓑ un relato ficticio y real de cómo devolver un elemento que se pidió en línea.

Ⓒ no ficción y está hecho para describir cómo funciona una compañía de Internet.

Ⓓ no ficción y está hecho para describir cómo devolver cosas.

2. El autor probablemente

Ⓐ recibió un producto roto y tuvo que devolverlo.

Ⓑ nunca devolvió nada.

Ⓒ devolvió todo tipo de cosas a través del correo.

Ⓓ estuvo navegando alrededor del mundo.

3. Si solo una de las películas no hubiera funcionado, Luis

Ⓐ hubiera devuelto solo la película rota.

Ⓑ hubiera estado feliz tan solo con una película.

Ⓒ hubiera tomado un autobús hasta la compañía de películas.

Ⓓ hubiera devuelto ambas películas, solo para estar seguro.

4. ¿Cómo se siente Luis probablemente sobre tener que devolver sus películas?

Ⓐ emocionado

Ⓑ desilusionado

Ⓒ celoso

Ⓓ orgulloso

5. ¿Qué es probablemente verdadero sobre Luis?

Ⓐ Está acostumbrado a las computadoras.

Ⓑ A él no le gustan las películas.

Ⓒ Está enojado con su madre.

Ⓓ No le gusta preguntar.

6. Este texto es un ejemplo de

Ⓐ un personaje con un problema sin solución.

Ⓑ un personaje que resuelve los problemas de otros personajes.

Ⓒ un personaje que crea un conflicto para que resuelvan otros personajes.

Ⓓ un personaje que experimenta un conflicto y luego lo resuelve.

1. Ⓢ Ⓝ

2. Ⓢ Ⓝ

3. Ⓢ Ⓝ

4. Ⓢ Ⓝ

5. Ⓢ Ⓝ

6. Ⓢ Ⓝ

___ / 6
Total

NOMBRE:_____ FECHA:_____

PUNTAJE
___ / 4

INSTRUCCIONES

Vuelve a leer "Devolución". Luego, lee la instrucción y responde en las líneas a continuación.

¿Alguna vez tuviste que devolver algo? Escribe sobre lo que sucedió.

_____

_____

_____

_____

_____

_____

_____

_____

_____

_____

_____

_____

_____

_____

_____

_____

_____

NOMBRE:_____ **FECHA:**_____

Lee el texto y luego responde las preguntas.

PUNTAJE

"¿Qué hora es?" Suena como una pregunta fácil de responder, pero no lo es. La respuesta depende de dónde vivas. La Tierra rota sobre su eje, así que el Sol pega en diferentes partes de esta a diferentes horas. Hay veinticuatro husos horarios en el mundo. Mientras vas hacia el este, se hace más tarde; mientras vas hacia el oeste, se hace más temprano. Por ello, es más temprano en Chicago que en Nueva York. Pero es más tarde en Chicago que en Los Ángeles. Cuando es la tarde en Europa, las personas de California recién se están despertando. Cuando es la hora del desayuno en Nueva York, es casi la hora del almuerzo en Londres. Por eso, la próxima vez que te sientes en una clase y sientas hambre porque se acerca el almuerzo, piénsalo. En algún lugar del mundo, los niños se están preparando para ir a dormir. Otros niños en otros lugares están despertando.

1. Ⓢ Ⓝ

2. Ⓢ Ⓝ

3. Ⓢ Ⓝ

4. Ⓢ Ⓝ

5. Ⓢ Ⓝ

1. ¿Qué imagen ayudaría a un lector a comprender el texto?

Ⓐ un globo terráqueo

Ⓑ un mapa de los océanos de la Tierra

Ⓒ un mapa de los husos horarios de la Tierra

Ⓓ un mapa de Chicago y Nueva York

2. ¿Qué oración resume mejor el texto?

Ⓐ Mientras vas hacia el este, se hace más tarde; mientras vas hacia el oeste, se hace más temprano.

Ⓑ La respuesta depende de dónde vivas.

Ⓒ Hay veinticuatro husos horarios en el mundo.

Ⓓ Otros niños en otros lugares están despertando.

3. ¿Qué palabra **no** está en plural?

Ⓐ eje

Ⓑ niños

Ⓒ lugares

Ⓓ husos

4. Otra palabra para *rota* es

Ⓐ crece.

Ⓑ abre.

Ⓒ sigue.

Ⓓ gira.

5. La frase *el Sol pega* significa que

Ⓐ el Sol se queda sin combustible.

Ⓑ el Sol brilla ahí.

Ⓒ el Sol es violento.

Ⓓ el Sol es redondo.

___ / 5

Total

NOMBRE:_____ **FECHA:**_____

INSTRUCCIONES   Lee el texto y luego responde las preguntas.

PUNTAJE

1. Ⓢ Ⓝ

2. Ⓢ Ⓝ

3. Ⓢ Ⓝ

4. Ⓢ Ⓝ

5. Ⓢ Ⓝ

___/ 5
Total

   Imagina que viajas por el mundo comenzando en Nueva York. Viajas por las veinticuatro husos horarios de la Tierra. Vas al oeste, por lo que a medida que viajas se hace más temprano. Ganas una hora cada vez que pasas por un huso horario. Ahora, imagina que has viajado por todo el mundo y aterrizas nuevamente en Nueva York. Recuerda que perdiste una hora cada vez que viajaste por un huso horario. ¿Significa esto que aterrizas el mismo día que te fuiste? No; has estado en el avión durante veinticuatro horas, de modo que es un día más tarde. ¿Cómo puede ser esto posible si perdiste una hora en cada huso horario? La respuesta es la línea de fecha internacional. Esta es una línea imaginaria, como el ecuador. Corre de norte a sur por el océano Pacífico. Esta línea divide un día del siguiente. Por lo que, si es miércoles en el lado este de la línea, es martes en el lado oeste.

1. ¿Qué título va mejor con este texto?

Ⓐ La línea de fecha internacional

Ⓑ Línea de fecha

Ⓒ El mismo día que te fuiste

Ⓓ Llegar donde comenzaste

2. ¿Qué sucede a medida que viajas al oeste?

Ⓐ Te mareas por el movimiento.

Ⓑ Ganas una hora en cada huso horario.

Ⓒ Viajas demasiado rápido.

Ⓓ Vas al lugar equivocado.

3. ¿Qué sílaba se acentúa en la palabra *imaginario*?

Ⓐ la primera sílaba

Ⓑ la segunda sílaba

Ⓒ la tercera sílaba

Ⓓ la cuarta sílaba

4. *Más temprano* y *más tarde* son

Ⓐ antónimos.

Ⓑ sinónimos.

Ⓒ rimas.

Ⓓ sustantivos.

5. El autor más probablemente escribió esto para

Ⓐ entretener a una audiencia y hablar sobre el tiempo.

Ⓑ informar a una audiencia sobre la línea de fecha internacional.

Ⓒ hablar sobre el océano Pacífico y las líneas imaginarias.

Ⓓ recordarte que uses un reloj cuando viajas.

NOMBRE:_____ **FECHA:**_____

Lee el texto y luego responde las preguntas.

PUNTAJE

¿Cómo comenzaron los husos horarios? ¿Por qué fueron creados? Hace mucho tiempo cada pequeña comunidad tenía una manera diferente de usar el Sol para saber la hora. Cuando las personas comenzaron a usar trenes, esto se convirtió en un problema. No había una buena manera de hacer un cronograma para el tren. Y así cada comunidad marcaba la hora de una manera diferente. El Sr. Sandford Fleming era un proyectista canadiense de carreteras. Sugirió una solución para este problema. Su idea era un sistema de husos horarios que todos podrían usar. El huso horario de cada pueblo dependería de dónde estaba ubicado. En el año 1884, personas de veintisiete países se reunieron en Washington D. C. Ellos decidieron dónde irían los husos horarios. Ahora, el mundo está dividido en veinticuatro husos horarios. Independientemente de dónde vayas, puedes saber qué hora será cuando llegues.

1. Ⓢ Ⓝ

2. Ⓢ Ⓝ

3. Ⓢ Ⓝ

4. Ⓢ Ⓝ

1. Después de leer la primera oración, un lector podría predecir que

Ⓐ el texto tratará sobre cómo se decidieron las zonas horarias.

Ⓑ el texto analizará por qué eran necesarias las zonas horarias.

Ⓒ el texto tratará sobre la creación de las zonas horarias.

Ⓓ todas las opciones anteriores

2. Si esto se encontrara en un libro sobre cómo marcar la hora, ¿en qué capítulo podría encontrarse?

Ⓐ La necesidad de un horario internacional

Ⓑ El surgimiento del reloj digital

Ⓒ La medición del tiempo con precisión

Ⓓ Los trenes conocen la hora

3. La raíz de la palabra *países* es

Ⓐ pa.

Ⓑ país.

Ⓒ pays.

Ⓓ ninguna de las opciones anteriores

4. *Ocurrirse* significa

Ⓐ no gustar de algo.

Ⓑ no poder pensar en algo.

Ⓒ pensar en algo.

Ⓓ pedir algo.

5. ¿Cuál es el propósito del autor?

Ⓐ persuadir

Ⓑ entretener

Ⓒ instruir

Ⓓ informar

5. Ⓢ Ⓝ

___ / 5

Total

NOMBRE:_____ FECHA:_____

¿QUÉ HORA ES?

En la actualidad, los automóviles, los trenes y los aviones viajan por todo el mundo. Cruzan todas los husos horarios. Existen veinticuatro husos horarios estándares en el mundo. Estos husos están divididos por líneas de zonas horarias. Estas líneas son imaginarias, como la línea de fecha internacional. De modo que no puedes verlas cuando las cruzas, pero separan un huso horario del siguiente. Las líneas de huso horario corren de norte a sur. Los lugares que están en los mismos husos horarios tienen la misma hora. Incluso los lugares que están lejos unos de otros pueden tener la misma hora si están en el mismo huso horario. Por ejemplo, la Ciudad de México está en México, y Winnipeg en Canadá. Están muy alejados. Pero es la misma hora en Ciudad de México que en Winnipeg; están en el mismo huso horario.

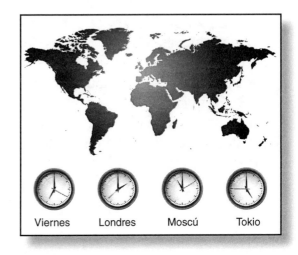

Viernes   Londres   Moscú   Tokio

Muchos lugares cambian sus relojes dos veces al año. En la primavera, los relojes se adelantan una hora. Esto se denomina *horario de verano*. En el otoño, las personas retrasan nuevamente sus relojes a la hora estándar. Hacen esto porque en muchas partes del mundo, los días son más largos durante el verano. Adelantar los relojes permite a las personas tener más luz de día al final del día.

Este cuadro muestra la hora en algunos otros lugares cuando es jueves al mediodía en Los Ángeles.

Ciudad, país	Día	Hora
Los Ángeles, Estado Unidos	jueves	12:00 P. M.
Ciudad de México, México	jueves	2:00 P. M.
Nueva York, Estados Unidos	jueves	3:00 P. M.
La Paz, Bolivia	jueves	3:00 P. M.
Londres, Inglaterra	jueves	8:00 P. M.
El Cairo, Egipto	jueves	9:00 P. M.
Moscú, Rusia	jueves	11:00 P. M.
Auckland, Nueva Zelanda	viernes	8:00 A. M.

NOMBRE: _____ **FECHA:** _____

INSTRUCCIONES Lee "¿Qué hora es?" y luego responde las preguntas.

1. ¿Qué muestra el cuadro al final del artículo?

Ⓐ solo ciudades de América del Norte

Ⓑ el horario de un tren

Ⓒ los horarios en diferentes ubicaciones

Ⓓ un calendario

2. El propósito de leer este texto es principalmente

Ⓐ aprender sobre las diferentes zonas horarias del mundo.

Ⓑ aprender sobre la línea de fecha internacional.

Ⓒ aprender cómo adelantar los relojes en la primavera.

Ⓓ aprender sobre relojes.

3. ¿Cuándo se adelantan los relojes una hora?

Ⓐ en la primavera

Ⓑ en la hora estándar

Ⓒ en el invierno

Ⓓ los jueves

4. Si no hubiera husos horarios,

Ⓐ solo se causarían problemas menores durante los viajes.

Ⓑ nadie podría decir qué hora es mientras viaja por el mundo.

Ⓒ hablar sobre cuándo hacer cosas con personas que viven lejos sería más fácil.

Ⓓ nada cambiaría; no son muy útiles.

5. ¿Cuál es la idea principal?

Ⓐ Los aviones viajan por todo el mundo.

Ⓑ Es jueves en Ciudad de México.

Ⓒ El horario de verano se configura en la primavera.

Ⓓ Existen veinticuatro husos horarios.

6. Según la información en el cuadro, es _____ en El Cairo que en Londres.

Ⓐ más tarde

Ⓑ más frío

Ⓒ más temprano

Ⓓ más pronto

1. Ⓢ Ⓝ
2. Ⓢ Ⓝ
3. Ⓢ Ⓝ
4. Ⓢ Ⓝ
5. Ⓢ Ⓝ
6. Ⓢ Ⓝ

___ / 6
Total

NOMBRE:_____ FECHA:_____

PUNTAJE

___ / 4

INSTRUCCIONES

Vuelve a leer "¿Qué hora es?". Luego, lee la instrucción y responde en las líneas a continuación.

El horario de verano comenzó como una forma de aprovechar la luz del día antes de que tuviéramos electricidad. Escribe sobre si aún necesitamos el horario de verano en la actualidad.

_____

_____

_____

_____

_____

_____

_____

_____

_____

_____

_____

_____

_____

_____

_____

NOMBRE:_____ FECHA:_____

INSTRUCCIONES Lee el texto y luego responde las preguntas.

Morgan disfrutó las vacaciones, pero después de un tiempo, comenzó a aburrirse. Pensó que podría ser divertido tener algún tipo de trabajo. El problema era que no había muchos trabajos para niños de cuarto grado. Un día, la madre de Morgan se estaba alistando para ir a trabajar. Era fotógrafa, y Morgan siempre pensó que su trabajo debía ser interesante. Mientras observaba a su mamá juntar sus cosas, Morgan dijo:

—Me gustaría ir a trabajar también y aprender fotografía.

—¿Te gustaría? —preguntó mamá—. Si quieres, puedes venir conmigo y ayudar mientras estás de vacaciones.

—¡Sería genial! —respondió Morgan—. Siempre he tenido la curiosidad.

1. ⓢⓝ

2. ⓢⓝ

3. ⓢⓝ

4. ⓢⓝ

5. ⓢⓝ

___ / 5
Total

1. ¿Qué frase sugiere que Morgan comenzará a buscar cosas para hacer?

Ⓐ comenzó a aburrirse

Ⓑ tareas para que haga

Ⓒ si le dijera a sus padres

Ⓓ lista para ir a trabajar

2. Después de que Morgan y su madre se van de su casa, ¿cuál sería el escenario más probable?

Ⓐ la cola de espera en el banco

Ⓑ una oficina con escritorios y computadoras

Ⓒ una sesión fotográfica con accesorios y modelos

Ⓓ una nave espacial alienígena

3. ¿Qué palabra no tiene la vocal *a*?

Ⓐ vacaciones

Ⓑ verano

Ⓒ disfrutó

Ⓓ trabajar

4. ¿Cuál es un sinónimo de *juntar*?

Ⓐ recolectar

Ⓑ perder

Ⓒ comprar

Ⓓ desparramar

5. *Después de un tiempo* significa

Ⓐ no de inmediato.

Ⓑ inmediatamente.

Ⓒ al día siguiente.

Ⓓ nunca.

NOMBRE:_____ **FECHA:**_____

INSTRUCCIONES Lee el texto y luego responde las preguntas.

PUNTAJE

1. Ⓢ Ⓝ

2. Ⓢ Ⓝ

3. Ⓢ Ⓝ

4. Ⓢ Ⓝ

5. Ⓢ Ⓝ

___ / 5
Total

Morgan y su madre llegaron al estudio fotográfico a las 9:00 A. M. Su mamá trabajaba en el estudio y Morgan iba a ayudar durante el verano. Cuando llegó allí, la mamá de Morgan le mostró dónde dejar sus cosas. Luego, le mostró el estudio. Había dos salas de equipos. Allí era donde los fotógrafos guardaban sus cámaras. Había tres salas para tomar fotografías. Esas salas tenían pequeños escenarios con accesorios, como sillas y cajas. También tenían telas de diferentes colores para usar como fondo en las fotografías. Además, había cajas grandes de juguetes para que los bebés sonrían en sus fotografías. Por último, su mamá le mostró a Morgan las computadoras. Dijo que las usaban para almacenar las fotografías.

1. ¿Qué imagen ayudaría más a un lector a visualizar el escenario?

Ⓐ una imagen de un estudio fotográfico

Ⓑ una imagen de un fotógrafo

Ⓒ una fotografía tomada en el estudio

Ⓓ una fotografía de un set de filmación grande

2. ¿A qué género pertenece este texto?

Ⓐ biografía

Ⓑ ciencia ficción

Ⓒ ficción realista

Ⓓ fantasía

3. ¿Qué palabras tienen la misma raíz?

Ⓐ *imágenes* y *fotografía*

Ⓑ *fotografía* y *fotógrafos*

Ⓒ *Morgan* y *mamá*

Ⓓ *sillas* y *cajas*

4. En este texto, *escenarios* significa

Ⓐ carruajes.

Ⓑ partes de un proceso.

Ⓒ una superficie plana para ser visualizada.

Ⓓ algo en lo que se encierran animales.

5. ¿Qué palabra o frase indica que las computadoras son lo último que la mamá de Morgan le muestra?

Ⓐ almacenadas

Ⓑ computadoras

Ⓒ mostró

Ⓓ por último

NOMBRE:_____ **FECHA:**_____

INSTRUCCIONES   Lee el texto y luego responde las preguntas.

PUNTAJE

Morgan estaba ayudando en el estudio fotográfico de su madre. Sabía que no estaba lista para tomar fotografías, pero no quería solo sentarse y mirar. De modo que le preguntó a su mamá qué podría hacer. Esperaba que fuera algo interesante.

—Puedes mantener limpias y organizadas las salas del estudio —dijo su mamá—. Eso es muy importante. Si están desordenadas, las personas no querrán tomarse fotografías. Y será más difícil encontrar los accesorios que necesitamos. También puedes hacer mandados y llamar a los clientes cuando sus fotografías estén listas. Esas tareas son importantes también.

—Estaré muy ocupada —dijo Morgan. Pero no le importaba en absoluto. Todo le parecía muy interesante.

1. Ⓢ Ⓝ

2. Ⓢ Ⓝ

3. Ⓢ Ⓝ

4. Ⓢ Ⓝ

1. ¿Qué **no** hará Morgan para ayudar a su mamá?

Ⓐ mantener limpio el estudio

Ⓑ llamar a los clientes

Ⓒ tomar fotografías

Ⓓ hacer mandados

2. ¿Cuándo se desarrolla el texto?

Ⓐ en el pasado

Ⓑ en el presente

Ⓒ en el futuro

Ⓓ cambia en el transcurso del texto del pasado al futuro

3. ¿Cuál es la raíz de *esperaba*?

Ⓐ esp

Ⓑ espera

Ⓒ aba

Ⓓ pera

4. Un sinónimo de *listo* es

Ⓐ preparado.

Ⓑ interesado.

Ⓒ ocupado.

Ⓓ adulto.

5. *Hacer mandados* significa

Ⓐ caminar hacia un lugar.

Ⓑ correr en una pista de carreras.

Ⓒ examinar errores.

Ⓓ hacer tareas y deberes.

5. Ⓢ Ⓝ

___ / 5
Total

NOMBRE:_____ FECHA:_____

¡SONRÍE PARA LA CÁMARA!

Morgan estaba ayudando en el estudio fotográfico de su madre. Morgan había estado trabajando allí y aprendiendo durante algunas semanas. Su mamá dijo que hizo un gran trabajo. Los otros fotógrafos estuvieron de acuerdo con esto. Un día, Morgan le preguntó a su mamá si podía ayudarla a tomar una fotografía.

—Sé que no estoy lista para usar el equipo yo sola —dijo— pero, ¿podría al menos ayudar?

—Supongo —dijo su mamá—. Una familia vendrá al mediodía hoy. Puedes ayudar con la sesión fotográfica.

Morgan estaba entusiasmada por conocer a la familia y comenzar. Cuando llegaron, su mamá se presentó. También presentó a Morgan. Luego, comenzaron a planificar las fotografías. Lo primero que había que pensar era cuántas personas habría en las fotografías. Esta familia estaba compuesta por cinco personas. También tenían que pensar en las edades de los niños. Había tres niños y uno era bebé. De modo que Morgan pensó en usar juguetes para hacer que el bebé sonriera.

Ahora era momento de elegir el fondo. Morgan y su mamá hablaron con la familia sobre el color que querían. La familia quería un color claro; su mamá pensó que era una buena idea. Así que Morgan sugirió azul pálido. Todos dijeron que esa era la opción adecuada. Luego, su mamá trajo la cámara. Cuando la cámara estuvo lista, su mamá indicó a la familia que se sentara en diferentes poses. Tomó fotografías de cada pose. Mientras su mamá tomaba las fotografías, Morgan usó algunos juguetes para hacer que el bebé sonriera. Cuando su mamá terminó, le pidió a la familia que esperara unos minutos. Luego, puso el disco de película en la computadora y creó un archivo con todas las poses. Morgan le dijo a la familia cuando su mamá estuvo lista. Luego, la familia eligió las fotografías que quería. Morgan anotó el pedido en un formulario de pedidos. La familia agradeció a Morgan y a su mamá, y se fue. Su mamá dijo:

—¡Hiciste un trabajo estupendo, Morgan! Quizás seas fotógrafa cuando seas grande.

NOMBRE:_____ **FECHA:**_____

Lee "¡Sonríe para la cámara!" y luego responde las preguntas.

PUNTAJE

1. ¿Qué **no** hace Morgan para ayudar con la sesión fotográfica?

(A) ayuda a elegir el fondo
(B) compra el almuerzo para todos
(C) hace que el bebé se ría
(D) escribe el pedido de la familia

2. ¿Cuál es el propósito del autor?

(A) informar
(B) entretener
(C) persuadir
(D) dar instrucciones

3. ¿Cómo podría ser esta historia diferente si no hubiera bebés en la familia?

(A) Morgan no usaría juguetes.
(B) Su mamá no agarraría la cámara.
(C) La familia no querría un fondo claro.
(D) Morgan no escribiría el pedido de la familia en un formulario de pedidos.

4. ¿Cómo se siente probablemente Morgan cuando su mamá dice que hizo un trabajo estupendo?

(A) orgullosa
(B) curiosa
(C) enojada
(D) celosa

5. Las personas a las que les gusta _____ podrían querer ser fotógrafos.

(A) la historia
(B) las matemáticas
(C) el arte
(D) cocinar

6. ¿Qué oración resume el tema de este texto?

(A) Es bueno hacer algo que es difícil.
(B) Puedes ser recompensado por no hacer un muy buen trabajo.
(C) Puedes ganar confianza después de hacer un trabajo arduo.
(D) Es útil ignorar las cosas que realmente quieres.

1. Ⓢ Ⓝ
2. Ⓢ Ⓝ
3. Ⓢ Ⓝ
4. Ⓢ Ⓝ
5. Ⓢ Ⓝ
6. Ⓢ Ⓝ

___ / 6
Total

NOMBRE:_____ **FECHA:**_____

PUNTAJE

___ / 4

INSTRUCCIONES Vuelve a leer "¡Sonríe para la cámara!". Luego, lee la instrucción y responde en las líneas a continuación.

Piensa en un momento en que te tomaron una fotografía. ¿Cómo fue? Escribe sobre lo que sucedió.

_____

_____

_____

_____

_____

_____

_____

_____

_____

_____

_____

_____

_____

_____

_____

_____

ANSWER KEY

Week 1

Day 1
1. B
2. D
3. B
4. A
5. C

Day 2
1. A
2. A
3. A
4. B
5. D

Day 3
1. B
2. C
3. D
4. A
5. A

Day 4
1. B
2. A
3. C
4. C
5. C
6. A

Day 5
Responses will vary.

Week 2

Day 1
1. A
2. A
3. C
4. B
5. D

Day 2
1. D
2. C
3. A
4. D
5. D

Day 3
1. A
2. D
3. D
4. C
5. D

Day 4
1. C
2. A
3. B
4. C
5. C
6. C

Day 5
Responses will vary.

Week 3

Day 1
1. D
2. D
3. A
4. D
5. B

Day 2
1. C
2. C
3. C
4. A
5. C

Day 3
1. B
2. C
3. D
4. C
5. D

Day 4
1. B
2. B
3. A
4. A
5. C
6. A

Day 5
Responses will vary.

Week 4

Day 1
1. A
2. D
3. D
4. D
5. B

Day 2
1. C
2. D
3. A
4. B
5. C

Day 3
1. C
2. B
3. B
4. A
5. D

Day 4
1. C
2. A
3. B
4. C
5. C
6. D

Day 5
Responses will vary.

Week 5

Day 1
1. D
2. C
3. C
4. A
5. A

Day 2
1. D
2. A
3. A
4. D
5. C

Day 3
1. C
2. D
3. A
4. D
5. B

Day 4
1. C
2. D
3. D
4. A
5. D
6. C

Day 5
Responses will vary.

Week 6

Day 1
1. B
2. D
3. B
4. A
5. B

Day 2
1. A
2. C
3. A
4. D
5. A

Day 3
1. D
2. B
3. D
4. D
5. B

ANSWER KEY (cont.)

Week 6 (cont.)

Day 4
1. B
2. A
3. C
4. D
5. B
6. A

Day 5
Responses will vary.

Week 7

Day 1
1. B
2. D
3. C
4. A
5. A

Day 2
1. A
2. B
3. B
4. D
5. D

Day 3
1. A
2. D
3. D
4. D
5. C

Day 4
1. C
2. B
3. A
4. C
5. D
6. B

Day 5
Responses will vary.

Week 8

Day 1
1. C
2. B
3. C
4. D
5. A

Day 2
1. D
2. B
3. A
4. B
5. A

Day 3
1. D
2. D
3. D
4. C
5. D

Day 4
1. A
2. C
3. C
4. A
5. B
6. C

Day 5
Responses will vary.

Week 9

Day 1
1. D
2. D
3. C
4. A
5. D

Day 2
1. A
2. D
3. B
4. C
5. B

Day 3
1. C
2. C
3. C
4. D
5. B

Day 4
1. D
2. D
3. C
4. A
5. D
6. B

Day 5
Responses will vary.

Week 10

Day 1
1. B
2. B
3. A
4. D
5. D

Day 2
1. D
2. D
3. C
4. B
5. D

Day 3
1. B
2. B
3. A
4. D
5. C

Day 4
1. B
2. B
3. C
4. A
5. D
6. C

Day 5
Responses will vary.

Week 11

Day 1
1. C
2. B
3. D
4. A
5. D

Day 2
1. A
2. C
3. B
4. B
5. C

Day 3
1. D
2. A
3. A
4. B
5. A

Day 4
1. B
2. D
3. D
4. C
5. C
6. C

Day 5
Responses will vary.

Week 12

Day 1
1. D
2. A
3. B
4. B
5. D

ANSWER KEY *(cont.)*

Week 12 *(cont.)*

Day 2
1. C
2. A
3. D
4. D
5. B

Day 3
1. B
2. D
3. C
4. B
5. B

Day 4
1. D
2. A
3. B
4. B
5. B
6. A

Day 5
Responses will vary.

Week 13

Day 1
1. D
2. B
3. A
4. B
5. D

Day 2
1. A
2. D
3. D
4. D
5. B

Day 3
1. B
2. B
3. C
4. C
5. A

Day 4
1. B
2. C
3. B
4. B
5. A
6. C

Day 5
Responses will vary.

Week 14

Day 1
1. D
2. A
3. B
4. D
5. B

Day 2
1. A
2. C
3. B
4. B
5. B

Day 3
1. B
2. B
3. A
4. D
5. B

Day 4
1. D
2. A
3. C
4. B
5. D
6. A

Day 5
Responses will vary.

Week 15

Day 1
1. B
2. A
3. A
4. D
5. A

Day 2
1. C
2. B
3. D
4. A
5. A

Day 3
1. D
2. B
3. C
4. A
5. B

Day 4
1. D
2. C
3. D
4. A
5. B
6. D

Day 5
Responses will vary.

Week 16

Day 1
1. A
2. C
3. D
4. A
5. D

Day 2
1. B
2. B
3. D
4. B
5. A

Day 3
1. C
2. B
3. C
4. C
5. D

Day 4
1. B
2. A
3. B
4. D
5. D
6. A

Day 5
Responses will vary.

Week 17

Day 1
1. D
2. C
3. A
4. B
5. A

Day 2
1. B
2. D
3. C
4. B
5. C

Day 3
1. A
2. C
3. C
4. D
5. D

Day 4
1. A
2. B
3. C
4. A
5. A
6. B

ANSWER KEY *(cont.)*

Week 17 *(cont.)*

Day 5
   Responses will vary.

Week 18

Day 1
1. C
2. B
3. D
4. B
5. A

Day 2
1. B
2. A
3. B
4. C
5. D

Day 3
1. B
2. A
3. B
4. A
5. B

Day 4
1. C
2. D
3. B
4. B
5. C
6. D

Day 5
   Responses will vary.

Week 19

Day 1
1. A
2. B
3. C
4. D
5. A

Day 2
1. B
2. C
3. D
4. A
5. A

Day 3
1. B
2. D
3. C
4. A
5. A

Day 4
1. C
2. A
3. C
4. C
5. C
6. D

Day 5
   Responses will vary.

Week 20

Day 1
1. B
2. D
3. B
4. A
5. B

Day 2
1. C
2. B
3. A
4. A
5. A

Day 3
1. B
2. A
3. B
4. C
5. B

Day 4
1. B
2. C
3. C
4. B
5. B
6. B

Day 5
   Responses will vary.

Week 21

Day 1
1. D
2. D
3. C
4. B
5. C

Day 2
1. B
2. A
3. B
4. B
5. B

Day 3
1. B
2. D
3. A
4. B
5. D

Day 4
1. D
2. B
3. A
4. C
5. A
6. D

Day 5
   Responses will vary.

Week 22

Day 1
1. C
2. D
3. A
4. B
5. A

Day 2
1. C
2. B
3. D
4. C
5. D

Day 3
1. B
2. B
3. C
4. D
5. D

Day 4
1. A
2. D
3. B
4. B
5. A
6. D

Day 5
   Responses will vary.

Week 23

Day 1
1. D
2. A
3. D
4. B
5. D

Day 2
1. D
2. D
3. B
4. B
5. A

ANSWER KEY *(cont.)*

Week 23 *(cont.)*

Day 3
1. B
2. C
3. D
4. C
5. B

Day 4
1. D
2. B
3. C
4. B
5. C
6. C

Day 5
Responses will vary.

Week 24

Day 1
1. C
2. A
3. C
4. C
5. C

Day 2
1. A
2. D
3. C
4. B
5. C

Day 3
1. B
2. D
3. D
4. B
5. D

Day 4
1. D
2. B
3. D
4. D
5. B
6. C

Day 5
Responses will vary.

Week 25

Day 1
1. C
2. A
3. C
4. D
5. B

Day 2
1. D
2. B
3. C
4. D
5. A

Day 3
1. B
2. D
3. C
4. B
5. B

Day 4
1. A
2. A
3. A
4. C
5. A
6. B

Day 5
Responses will vary.

Week 26

Day 1
1. C
2. C
3. A
4. A
5. A

Day 2
1. C
2. C
3. C
4. B
5. A

Day 3
1. D
2. C
3. B
4. B
5. A

Day 4
1. B
2. A
3. B
4. D
5. A
6. C

Day 5
Responses will vary.

Week 27

Day 1
1. C
2. D
3. D
4. A
5. B

Day 2
1. D
2. D
3. B
4. A
5. A

Day 3
1. A
2. D
3. A
4. C
5. C

Day 4
1. D
2. D
3. C
4. B
5. A
6. C

Day 5
Responses will vary.

Week 28

Day 1
1. C
2. B
3. B
4. D
5. D

Day 2
1. A
2. C
3. D
4. C
5. B

Day 3
1. A
2. A
3. A
4. C
5. D

Day 4
1. B
2. A
3. D
4. D
5. C
6. A

Day 5
Responses will vary.

ANSWER KEY (cont.)

Week 29

Day 1
1. B
2. C
3. D
4. D
5. B

Day 2
1. B
2. D
3. C
4. A
5. C

Day 3
1. B
2. D
3. A
4. B
5. A

Day 4
1. D
2. A
3. C
4. A
5. A
6. B

Day 5
Responses will vary.

Week 30

Day 1
1. A
2. C
3. B
4. A
5. B

Day 2
1. D
2. B
3. B
4. B
5. B

Day 3
1. B
2. D
3. B
4. B
5. B

Day 4
1. A
2. D
3. B
4. D
5. D
6. C

Day 5
Responses will vary.

Week 31

Day 1
1. C
2. A
3. B
4. A
5. A

Day 2
1. B
2. A
3. A
4. C
5. D

Day 3
1. D
2. A
3. D
4. C
5. B

Day 4
1. D
2. A
3. A
4. C
5. A
6. D

Day 5
Responses will vary.

Week 32

Day 1
1. A
2. C
3. A
4. B
5. D

Day 2
1. A
2. D
3. A
4. A
5. A

Day 3
1. A
2. A
3. A
4. D
5. C

Day 4
1. C
2. A
3. D
4. C
5. C
6. B

Day 5
Responses will vary.

Week 33

Day 1
1. D
2. C
3. A
4. A
5. B

Day 2
1. D
2. D
3. C
4. C
5. C

Day 3
1. C
2. A
3. A
4. C
5. A

Day 4
1. B
2. C
3. A
4. A
5. C
6. D

Day 5
Responses will vary.

Week 34

Day 1
1. B
2. B
3. A
4. C
5. B

Day 2
1. B
2. B
3. A
4. D
5. A

Day 3
1. A
2. D
3. D
4. B
5. C

ANSWER KEY *(cont.)*

Week 34 *(cont.)*

Day 4
1. B
2. A
3. A
4. B
5. A
6. D

Day 5
Responses will vary.

Week 35

Day 1
1. C
2. C
3. A
4. D
5. B

Day 2
1. A
2. B
3. B
4. A
5. B

Day 3
1. D
2. A
3. B
4. C
5. D

Day 4
1. C
2. A
3. A
4. B
5. D
6. A

Day 5
Responses will vary.

Week 36

Day 1
1. A
2. C
3. C
4. A
5. A

Day 2
1. A
2. C
3. B
4. C
5. D

Day 3
1. C
2. A
3. B
4. A
5. D

Day 4
1. B
2. B
3. A
4. A
5. C
6. C

Day 5
Responses will vary.

REFERENCES CITED

Marzano, Robert. 2010. When Practice Makes Perfect...Sense. *Educational Leadership* 68 (3): 81–83.

National Reading Panel. 2000. Report of the National Reading Panel. *Teaching Children to Read: An Evidence-Based Assessment of the Scientific Research Literature on Reading and its Implication for Reading Instruction* (NIH Publication No. 00-4769). Washington, DC: U.S. Government Printing Office.

Rasinski, Timothy V. 2003. *The Fluent Reader: Oral Reading Strategies for Building Word Recognition, Fluency, and Comprehension.* New York: Scholastic.

———. 2006. Fluency: An Oft-Neglected Goal of the Reading Program. In *Understanding and Implementing Reading First Initiatives*, ed. C. Cummins, 60–71. Newark, DE: International Reading Association.

Wolf, Maryanne. 2005. *What is Fluency? Fluency Development: As the Bird Learns to Fly.* Scholastic professional paper. New York: ReadAbout. http://teacher.scholastic.com /products/fluencyformula/pdfs/What_is_Fluency.pdf (accessed June 8, 2007).

DIGITAL RESOURCES

Accessing the Digital Resources

The digital resources can be downloaded by following these steps:

1. Go to www.tcmpub.com/digital

2. Use the ISBN number to redeem the digital resources.

3. Respond to the question using the book.

4. Follow the prompts on the Content Cloud website to sign in or create a new account.

ISBN

5. The content redeemed will now be on your My Content screen. Click on the product to look through the digital resources. All resources are available for download. Select files can be previewed, opened, and shared. For questions and assistance with your license key card, or to report a lost card, please contact Shell Education.

mail: customerservice@tcmpub.com
phone: 800-858-7339

 # CONTENTS OF THE DIGITAL RESOURCES

Teacher Resources

- Assessing Fluency
- Writing Rubric
- Practice Page Item Analysis Chart
- Student Item Analysis Chart

NOTES